料理人

本間忠治の にいがた味がたり

Honma Chuji,
a cook of Japanese Cuisine,
is talking about his dishes.

新潟市下《しも》町《まち》、日本料理 大橋屋の板長
本間忠治が語った、
51年の料理人人生と、
みなと町・新潟の味ものがたり。

目次

第一章　道を定めた日。恩師との出会い。――7

十五歳で、料理の世界へ。
新潟の片田舎で育った少年を迎え入れた、
大都会東京の名料亭と、その心意気。

第二章　これと見込んだ魚を、祈る気持ちでさばくとき。――15

魚市場へ向かうことから始まる、本間忠治の一日。
その日常と、料理人としての姿勢を問う。

第三章　本間忠治の仕事　―大橋屋の料理―

時を重ね、技術と工夫を施してきた本間忠治の日本料理。
写真と、料理法やエピソードで綴る六十品。

※第三章　本間忠治の仕事　—大橋屋の料理—　では、新潟で古くから作られてきた日本料理と郷土料理を紹介。精進料理や焼き物など「料理法」で料理をまとめるほか、南蛮海老、鮭、鱈など、新潟を代表する「食材」を柱にして料理を大別しています。現在では本間忠治氏のみが知る郷土料理も、ふんだんに盛り込みました。解説は本間忠治氏本人によるものです。

第一章

道を定めた日。恩師との出会い。

十五歳で、料理の世界へ。
新潟の片田舎で育った少年を迎え入れた、
大都会東京の名料亭と、その心意気。

すっと割かれた鮭の身の内から、無数の、真っ赤に光る玉がほとばしった。
あたかもそれは宝石のようであり、まだ七つを数えたばかりの少年の心に、大きな衝撃を与えた。また一匹の、腹の大きな〝おなご鮭〟から、魔術のように魚卵を取り出した包丁さばきは、少年の記憶の襞《ひだ》に、確かに深く、刻み込まれたのである。

私が小学校二年の秋（昭和二十二年）、孫《まご》祖父《じい》さんが亡くなりましてね。当時、神林《かみはやし》村（岩船郡）の辺りでは、葬式の料理を店からとるなんていう習慣はなくて、はつめ（器用）なお母ちゃん方が集まって、騒ぎごとなんかあると料理を作ってくれてたんだわ。その中でもまな板頭なんていうおばちゃんが、でっけぇおなご鮭の腹を開けたところを見てね。腹の中から鮭子がドーッと出てきたのを初めて見て、「わぁ、料理の仕事って、こんな素晴らしいものなんだ」と子ども心に焼きついた。それが忘れられなくて、折々にその場面が思い出されてね。

中学三年のとき、進路をどうするかという時期に、担任の吉沢孝一先生が「おまえ何になる」って聞いたから、即座に「料理人になる」と答えた。おかしいことに、それまでそんなこと一度も思ったことなかったんですよ（笑）。ただ瞬間的に、例のおなご鮭のシーンが思い浮かんで、「あ、料理の仕事をしたい」と、何の迷いもなくね。

そうしたら神林村の神納《かんのう》中学校では、有史以来、料理人になろうというのは二人目だったんですって。田舎のことで、あの頃は食べ物を商売にするなんてなかったから、先生がびっくりしてしまってね。「では瀬波温泉で働くか」と言われたんだけど、自分ではもっと遠い場所に行きたくて断った。そこで、吉沢先生の隣家の蒲鉾《かまぼこ》屋さんで、弟さんが東京の雅叙園で料理人をしている水野さんという旦那さんに、先生が聞いてくれた。そうしたら「東京の雅叙園に行きなさい」と。でも今度は遠くて行きたくなかった（笑）。それならば、ということで、新潟市にある大橋屋を紹介してくれたんです。

「その代わりに」と、蒲鉾屋の主人は本間忠治に条件を出した。「生半可に料理人になりたいというくらいでは修業をやめてしまうから、俺が試しに使ってやる」。そこで本間忠治は、冬休みに蒲鉾店で世話になることになった。店では蒲鉾を作るほか、折り箱の注文も受け、天ぷらやきんとん、羊羹《ようかん》なども作っていた。

冬休みになったらすぐ来なさいということで、十二月の二十四日頃、学校から帰ってぽんと鞄を投げて、長靴持参で走っていきました。手伝いと聞いていたから簡単に考えて、着替えなんか持っていかなかった。そうしたらその日からずっと泊まりっぱなし（笑）。大晦日まで帰してくれない。子ども心に「さすがに今夜は帰してくれるんだろう」と思っていたけど、三十一日の午後になっても帰れと言わないの。主人の水野さんは厳しい人だったんだわね。朝の五時頃から起こされて、掃除に道具運びでしょ。今の子だったら勤まらなかっただろうねぇ。一番つらかったのは、きんとん練りと羊羹作り。当時はガスはなかったから、でっかい七輪に炭火を熾《お》こしてね、大きな鍋に羊羹やきんとんを練れと言う。中学三年の、まだちっちゃい子どもにね。そうして炭火で一時間も練っているから、一酸化炭素中毒になりかけて頭がフラフラするわけ。でも子どもだから、とにかく「はい」と、言うことを聞いていたんだわ。

三十一日の午後になって外で何か仕事をしていたら、たまたま中学の吉沢先生が店の前を通って、「おまえ、まだ仕事してるのか」と驚いてね。それから水野さんと先生の言い合いが始まった。「子どもなんだから、もう帰してください」、「いや、そんな甘っちゃらいことで帰すわけにはいかないんだ」とね（笑）。でも、最後には夜、七時頃だったかね、帰っていいと。雪は少々積もっていたけど自転車に乗ってね、血相を変えてうちへ帰った。そうしたらもう、うちではごはんは食べ終わっていたけど、親が私の陰膳《かげぜん》を据えてくれてましたよ。で、正月が明けて仕事は終わりかと思ったら、「一月二日の初荷に市が立ってにぎわうから、それまでにまた店に帰ってこい」と言われてさ。ただ、「はい」って（笑）。二日の朝、早く出かけて、それでそのまま学校が始まるまで蒲鉾屋さんの手伝い。そのときの冬休みはそれで終わりだったね。それが私の、食べ物商売の始まり（笑）。今振り返ればいい思い出だね。

本間忠治は昭和三十一年三月二十七日、新潟の下町（しも）にある大橋屋に修業に入った。

大橋屋の創業は明治に変わる二年前の慶応二年（一八六六）。初代・大橋太吉が鮮魚仲買商を興し、その後、四代目慎太郎が大正九年に料理業を始めた。婚礼料理、精進料理の仕出しを受け、料理のほかお膳や座布団、火鉢までもリヤカーに積んで配達する。当時、このようなスタイルは草分け的で人気を博した。その後、大橋屋は同地に、意匠を凝らした料亭を建設。庶民にとって高嶺の花だった宴会を低廉な価格で開けるという大橋屋は、湊町新潟にあって、港湾関係者や造船所などから重宝され、連日大盛況だったという。

その後、太平洋戦争の戦局悪化による「料理店営業停止条例」を受け、大橋屋は昭和十九年六月に営業停止となる。それにより収入の道を断たれた大橋家は、旧国鉄に土地・建物、備品・什器《じゅうき》の一切を含めて譲渡することになった。

終戦後、すぐに古町通五番町で食堂を開店。昭和三十一年十月の新潟大火に被災したものの、新潟市から復興のための融資を受けて店舗を改築し、木造二階建てに小座敷を四部屋備えた食堂兼割烹として営業を再開した。

当時、娯楽といえば映画が全盛。松竹館という映画館の向かいに建つ割烹大橋は、昭和三十一～三十二年にかけ、映画帰りの市民をはじめ、舞台挨拶に訪れた有名スターや映画監督にもよく利用され、大いに賑わった。この時期がちょうど、本間忠治の入店時と重なる。

大橋屋に入店したときは、本店がまだ旧国鉄の寮に使われていた頃で、私は古町通五番町の店へ勤めました。新潟大火が前年の十月にあって、町の復興はまだまだという印象でしたね。大橋屋の周囲には、焼け野原が広がっていました。

古町の店は正面玄関が食堂で、建物の横から入って二階に上がると個室のある料理屋になっていました。割烹食堂とはいっても〝なんでも屋〟でね、うなぎ、天ぷらを看板にあげていた。先代は筆まめな人で、毎朝、「うなぎ、天ぷら、うな重、天丼」と黒板に白文字で書きます。その看板を玄関に掲げるのが私の役目でした。店ではソフトクリームも売っていましたけど、うなぎ、天ぷらの店でソフトクリームなんて珍しかったと思いますよ。当時、先代の旦那は三十五歳。いろいろ考えて商売しておられたんだと思います。とにかく繁盛した店でした。

佐野周二さんや増田順二さん、桜むつ子さんなど、スターも大勢来店されました。ことに佐田啓二さんが来られた日はさわぎでね。あの方が昼食を召し上がった日の夕方、西堀通二番町にあった新潟女子工芸学校（現・新潟青陵高校）の生徒が来て、「佐田啓二はどこに座った」「そこに私が座る」「いや、私が座る」と、ワーワー言ってねぇ（笑）。あまりの迫力に驚きましたよ。

見習いの私らの仕事は、木製のおかもちを持って丼物の配達。毎日、そればっかり。今は佐渡にいる先輩は当時、それがあんまりつらくて「料理覚えに来たのに、出前持ちの仕事なんてしたくない、したくない」と、夜になると泣いてたんですって。私は泣かなかったけどね（笑）。私は欲なんかあるわけじゃなし、あれやれ、これやれと言われるまま、「はい」と言っていた。でも、冬にみぞれが降っているときの出前仕事は、さすがにつらかったですよ。今みたいにきちっとしたカッパはなくて、誰かのお下がりみたいなマントのしくじりのようなものを着せられてね。あの頃は関屋の競馬場から赤坂町の辺りまでが出前の範囲だったもの。どこでも自転車で走ってさ。昭和三十四年頃に、ようやく旦那が上下別になったカッパを買ってくれてね、今度は「これならもう、どこでも走られるな」と思った。あんまり着心地よくてね、うれしかった。

神林村にいるときは交換手を通すような旧式の電話だったけど、新潟にきたら、ただリンリンと鳴って直接相手としゃべれる置き電話でした。料理の注文は電話で受けるんだけど、この電話に出るのが苦労だったわね。電話は慣れないと相手の言葉がよく聞き取れないし、私のしゃべりも訛っていたから、緊張してなおのこと相手が何を言ってんのかわからない。電話に出るたびに叱られてね、ほんと、切なかった。

古町の店でとても印象深いのは、三十二年秋の、会津八一様の葬儀のこと。当時の大橋屋は五十歳ぐらいの職人さんが仕切っていたけど、基本的には食堂だから、そう手の込んだ料理は作っていなかった。でも、会津先生のご葬儀に大橋屋がお声をかけていただいたからには、変なものはお出しできない。そういう背景からでしょう、料理の献立は大橋屋のOBで、のちに鍋茶屋の副料理長になった菅原愛次郎さんに頼んだ。ところが大橋屋の板場で作ったかき和えなますに醤油が入りすぎたり、かきのもとのひたしに切り胡麻《ごま》をかけ忘れたということで、愛次郎さんが語気を荒らげてね。見習いで配達専門の私らまで大目玉を食らいました。料理の数も多かったから、菩提寺の瑞光寺様まで愛次郎さんに叱られ叱られしながら、何回、リヤカーで運んだことやら。私はそのとき初めて愛次郎さんの料理を見ましてね、「あぁ、これが本当の料理なんだ」と思った覚えがあります。

　昭和三十五年の四月からは、先代が買い戻した大橋屋本館で仕事をすることになる。本館では経験のある料理人の下、調理の手伝いをして過ごした。

　主に魚の水洗い、野菜の切り方、下ごしらえと、仕出しの配達をしました。白山神社と護国神社、新潟大神宮で結婚式があると、リヤカーで料理を運ぶ。その当時は車で配達する仕出屋さんもありましたけど、うちはまだまだでね。あれは容易でなかったですよ。いついつ結婚式の仕出しがあるよというと、前日、自転車屋に行ってリヤカーの予約をして、当日借りる。あの頃は今のように皿に盛ってあるものを配達したんじゃなくて、決め箱（間仕切りのある塗りの箱）に料理をそれぞれ入れ、お膳や皿は重ねて持っていって、向こうで盛りつけました。一日に神社一カ所につき二組ぐらい挙式がありましたから、三カ所を回る。それで料理を盛ってお吸い物を出し、最後のお燗《かん》番までしてくる。お昼の結婚式であれば、夜の七時頃まで帰ってこられませんでした。

　ただ、結婚式や法事のときには忙しいけど、ほかの日にはお客様がない。本当にひまでね。旦那も、どうしたらいいものか考えたんでしょう。昔は急行佐渡という列車が早朝、東京から新潟駅に着いて、そのあと佐渡汽船へ乗るのに時間があいた。そこで汽船に乗るお客様を大橋屋へ連れてきて、お風呂に入れて朝食を出すということをしたんです。本館にお客様用の浴場を造り、若い衆が石炭を燃やして湯を沸かしてね。また夜具を揃えて旅館もしましたが、あまりはやらなくて二年ほどでやめました。今、大勢のお客様からご贔屓《ひいき》にしていただいている大橋屋からは考えられないほど、あの頃は経営的につらい時代だったと思います。

　四年の見習い期間のあと、御礼奉公を二年勤めた。晴れて年季が明けた昭和三十七年春、本間忠治は新たな学びの場へと旅立つことになる。行き先は大橋屋OBの紹介で東京・つきぢ田村になったが、当時、田村の調理場はいっぱいで、すぐには迎えられないという。そこで一年間の期限付きで、白金台の国際観光八芳園に預けられた。

東京では椿山荘と並ぶ名店で、今でも立派なお店です。八芳園は国際観光という名前の通り、三割ぐらいは外国人のお客様。私は最初、それにびっくりしましてね（笑）。畳の客席に外国の方が座って、天ぷら、すき焼きを召し上がっていました。

八芳園には三辻庄次郎という先生がおられて、つきぢ田村の旦那が「三辻先生は素晴らしい方だから、田村が空くまで三辻先生の下で見習いをしていなさい」と、八芳園へ送ってくれた。三辻先生は研究会の師範でしたからね、そりゃあ料理には素晴らしいものがありました。見た目も美しく、食べておいしい料理ですわね。

素材もそうだけど、料理自体も新潟にはないようなものがけっこうあって、「これは東京で修業しないとだめなんだな」と思いましたね。それまでの六年間では見たこともない魚、野菜……。あらゆるものが目新しくて、大きなショックでしたよ。その半面、そういう環境に入って欲が出て、八芳園でがむしゃらにやりました。一年に一回しか、仕事は休まなかったね。大橋屋の旦那が東京に来るので「おまえ、休みとれないか」と、その日一日休んだだけ。そうしたら、あの頃私、五十五キロあった体重がね、旦那が来た時に四十七キロになってて、「おまえ、どこか悪いんじゃないか」と（笑）。だから今の若い人に、「修業とかいっていて、だぶだぶ太っているのは本気でやってないからだ」と、よく言うんですけどね。本当に神経を使ってやれば、まさに「痩せる思い」なんですよ。とにかくあの頃は、私のやってきた仕事で通用することは何もなかったんだから、ゼロからのスタートでね。だからなおさら、気を使った。

八芳園の調理場では、魚作り（水洗いして身おろし）から脇鍋（煮方の助手）までつかせてもらうことができた。知らない魚、初めての野菜などに触れながら、学ぶ意欲を高めていった一年間だった。正直、本間忠治は八芳園にまだいたいという気持ちを抱いたが、三辻氏も熱海に店を替えて八芳園を去ることになり、また約束通り田村も空いて、店を替わるには良いタイミングだった。

八芳園の三辻先生もおしゃれでしたが、つきぢ田村の旦那・田村平治さんも負けず劣らずでね。「魚河岸に行くのに、きたない格好をするな」と、よく言っておられました。ご自分が京都や大阪で仕事をしていたとき、料理人はまだ小袖の着物に高足駄《あしだ》という格好だったそうですが、旦那はその頃から背広にネクタイで仕事をしていた、という話でね。自分がきれいな格好をしていれば、料理もきちんとしたものができるという意味なんでしょう。料理の出来は人間性の表れ、それが旦那の気持ちだったと思います。

つきぢ田村では、料理はもちろん、いろんなものを覚えた上で料理と向き合うことの大切さ――そういう姿勢を教えてもらいました。例えば瀬戸物にしても瀬戸物の種類、産地や作家の特徴を覚えなきゃいけない。永楽焼だとか清水焼の道八、六兵衛さんとかね。初め、伊万里焼の皿を持ってきなさいなんて言われても、私は全然、わかりませんでしたよ。道具出しでも大変なんですから、料理までなんてとてもとても、大変な道のりだと思いました。

　私は専門の持ち場を持たず、洗い物の手伝いをしたりお使いに行ったり、とにかく手の足りない場所で仕事をするようにと言いつけられました。これはいろいろな仕事を自分の身に蓄えたら、次にどこへ回されても仕事がこなせる、ということなんですね。田村の旦那はこの「うろうろ三年」で、私に仕事を覚えるように指導してくれました。旦那からはもう、かわいがられてね、わずか一年少々で旦那の刺し身の助手（脇板）までやらせてもらいました。

　「最高の材料を仕入れて全部使いきりなさい、捨てる所はないんですよ」というのも、旦那の口癖でしたね。大根なら葉っぱから皮まで、みんな活かしなさい、と。魚もその通りで、皮から中落ちまで捨てずに全部使いなさい、それが一番大切だ、と。私ね、田村に入った頃、料理の金額にびっくりしましてね。八芳園の夜の一番高いお客様が千八百円でしたが、田村ではお昼のお客様が二千五百円でしょ。それにはたまげた、たまげた（笑）。でもやっぱり、素晴らしい器で素晴らしい料理を盛っているんだから、そうだろうなと納得してね。

　本間忠治は東京で改めて、料理人としての第一歩を踏み出した。新しい食材、見たこともない料理、高級料亭として認められる味ともてなしの数々。それらはすべて新鮮味にあふれ、刺激的なものだった。本間忠治は料理人として腕を振るう喜び、意味深さを、その体でひしひしと感じていたのである。

「東京のことで一つ、どうしても忘れられないことがあってね」と、本間忠治は身を乗り出した。

東宮御所で何かお祝いごとがあるというので、田村に料理のご依頼があったんです。そこで田村の旦那から、「おまえ、皇居へ行ってこい」と言われましてね。それがもう、嬉しくて。旦那の息子で二代目の暉昭《てるあき》さんと板場の四人で、十五人前ほどの料理を持っていきました。御所では、ずーっと、どこまでも長い廊下を、係の方が担架のような道具に料理を運んでいてね、その姿は今でも忘れられません。

　調理場に入り、盛りつけが始まってしばらくたったら、御所の方が大膳（天皇の食事や饗宴などを司る職）の秋山徳三さんに、「陛下が日本料理の盛りつけを見たいとおっしゃっているが、どうか」と聞いたら、「だめだめ」と。そんな言い方をするんですよ。それがまた驚きでね。料理人というのは、これほど権限のあるものかと。天皇陛下のご要望も、簡単に断るんですから。

　つきぢ田村での修業は期間を決めず、学べるだけ学ぼうと励んでいたが、入店から一年半が過ぎたところで、新潟の大橋屋から「帰ってくるように」との使いがきてしまった。当時の大橋屋は人材不足に窮していて、先代・慎作の思うような料理は提供できていなかったのである。

　正直言えば、もっとずっといたかったんですが、田村の旦那がそんな事情をくんで、「おまえにはいてほしいが、ご主人のお迎えがあっては仕方がない」と。でもなかなか諦められないのか、「もうちょっといればいいのに、もったいない、もったいない。もう少しいれば田村の匂いがする料理ができたのに」とね、何度も言っておられました。迎えには、新潟で私をとてもかわいがってくれていた大橋屋のおかみさん（先代の母）が来てくれました。あれほど気丈な大橋のおっかさんがね、旦那の「本間くんはよく勤めてくれましたよ」という褒め言葉を聞いて、涙を流して喜んでくれてね。私も「残りたい」と突っぱねればできたんだろうけど、おっかさんのその姿を見て、帰る気になってしまった。

　今では笑い話だけど、おっかさんという人はしょっちゅう旅行している人で、お土産に餅を買ったり団子を買ったりして皆にやったもんだけど、私には肌着を買ってきてくれるんだわ。私が東京にいる間も、寒いだろうって送ってくれる。その頃のおっかさんだから、ラクダ色した肌着でね、とっても恥ずかしくて着られないんだけれども、それを送ってくれるんだ。「忠さん、忠さん」ってね。そういう恩があったから、修業はまだまだ半端なのにという気持ちの半面、新潟へ帰りたいというのもあったんだわね。

　料理人は修業というと、東京や大阪へ行って何軒かあちこち回る人が多い。だけど私の修業は二年半だけですから、語り種《ぐさ》は少ないわけ。師匠もたった二人。でも年を取ってみれば、修業は軒数だけでもないかな、とも思いますよ。

第二章

これと見込んだ魚を、祈る気持ちでさばくとき。

魚市場へ向かうことから始まる、
本間忠治の一日。
その日常と、料理人としての姿勢を問う。

本間忠治は毎朝、自宅を六時に出て、徒歩で新潟魚市場へと向かう。いまどきの料理人には、欲しい魚の数を伝えて目利きは卸商任せ、自分は動かずに魚を配達してもらう者もいる。そこのところ、本間忠治は「わりぃクセでね(笑)、自分で見ないとダメなんだわ」と譲らない。

家を出て、魚市場までは二十分あまりの距離。背広に紳士靴を履き、人通りもまばらな目覚めたばかりの街を、背筋を伸ばしてサッサッと歩く。

「つきぢ田村の親方がね、料理人でも市場には白衣、長靴で行くなと教えてくれた。きちんと、おしゃれをしなさいとね。ま、そういう姿勢が料理に出るってことなんだわね。私のはどうも、おしゃれじゃないけど(笑)」

手には愛妻弁当。市場に寄る日には、朝と昼の二食分を持って歩く。

思えば、しょっちゅう魚のことを考えている。今日の魚のことは、前の晩から気にかかる。魚市場へ近づくにつれ、心なしか足早になる。

「魚がない、なんていう日は不機嫌になるねぇ。若い衆《ショ》に八つ当たりしたりね」

そういいながら、嬉しそうな表情。今朝、いい魚が入っていることを、昨夜のうちに聞いていたようだ。

卸問屋の軒が並ぶ通りに入っていくと、「本間さん、おはようございます」と次々に声をかけられる。会釈をしながら、懇意にしている魚屋の事務所に弁当を預け、山と積まれたトロ箱の間を縫うように移動する。手には、今日のゲストの名前や宴会の人数などのメモ。あちこちでトロ箱のふたを開けて、魚を見ながら値段を尋ねる。

三十分ほど見て歩き、つやのある鱚《きす》と佐渡産の南蛮海老、目鯛、六十〜七十センチあまりの鯛を買いつけた。

「本間さん、この鱚《きす》、形いいねぇ」と、卸商。本間忠治は笑顔で応え、満足そうに箱の中身を見やった。

魚と向き合うときの気持ち？　まぁ、魚を触って、これはいいものだと思って買ってくるんだけど、いざ包丁を入れるときには「間違いのない魚であってくれ」という、祈るような気持ちになるね(笑)。正直、これはちょっと間違ったな、と思うときはありますよ。鱒《ます》なんか腹開けて、脂が乗ってハラスの部分が厚ければ「あぁよかった」だし、ヒラメでも皮を引くと皮肌が変な色になっていてハズレたり。目で見たのと、まな板の前で腹を開けたのでは全然違うときがありますからね。野菜はそうそう間違いないけど、魚は正身にするまではわからない。そんな魚と出会ったときは、もう、がっくりきますよ。一日、ひっどく嫌な気持ちですもの。晴れ晴れしない。

魚は、夏が一番数が少なく、冬は多い。特にこれが好きだ、なんていう魚はないですね。季節ごとに、食べたい魚が出したい魚ということ。嫌いな魚というならそうね、アンコウなんかだんだん嫌いになってきた。昔、先代が仕入れをしてた時、先代の好物だったのかねぇ、毎日、アンコウとナマコを買ってきた(笑)。それを毎日、作るわけ。アンコウは吊るし切りなんていう見せ物的なまだるっこいことなんかしませんから、まな板にどすっと上げてすぐ切り始める。一匹十五〜二十キロぐらいのを、時季になると毎日一、二匹、必ずね。それでなんだか嫌いになったけど、そのとき作っていた郷土料理の「あんから」（アンコウの肝と身を辛子味噌と葱《ねぎ》で和えたもの）は、得意だったですよ。

ナマコは十一月頃から翌年三月にかけて、酢の物用にナマコ作りをしました。ウナギボテという竹かごに、二十〜三十匹ぐらいのナマコと塩を入れて振る。するとナマコのヌルヌルした黒い部分が全部取れて、ちょうどじゃが芋の皮をむいたように真っ白になるんですわ。そこまでするのに何時間もかかってね。それをさらにさっと湯にくぐらせて、ゆずの輪切りを入れた甘酢にずっと漬けておく。ところが今の人は、生のナマコを刻んで、番茶の入ったお湯で湯通ししただけで甘酢に漬けるから、ナマコ酢の身が黒い。私もどこかでご馳走になりましたけど、やっぱり黒くて、昔の仕事はしていないなと思いました。

そうやって若いときいじめられたからね（笑）、ナマコとアンコウはあんまり使いたくない。特にうちのお客様はご年配の方が多いから、ナマコにはあまり力を入れていません。それに、今のお客様には、おいしくても噛み応えのある料理は喜ばれないように思いますね。ついこの間、「コーヒーに合うお菓子」という注文があり、何十年ぶりに胡桃《くるみ》岩力を作りましたけど、これね、ほんとうにおいしいんですけどね、ちょっとかじるとかたいもんですから、おいしいと思う前に「かたいな」ということで敬遠してしまう。

魚料理では、小甘鯛の菰塩焼《こもじおやき》がよく褒められます。あとは南蛮海老のしんじょう。南蛮海老は麹《こうじ》漬け、カステラでも喜ばれますね。でも、料理は毎日、うまくできて当たり前ですから。この料理がうまくできた、というのはとりたててないですわ。

魚の種類も、昔から見るとけっこう変わってきてるわね。今、私が毎日使っている目鯛なんかは、ずっと以前にはなかったですもんね。また昔なら料理屋に上がらない魚が、高級になったり。ハタハタなんて昔はおかずのおかず、惣菜魚だったんですよ。それが、今では上のお客様にも堂々とお出しできる食材になった。もちろん味はおいしい魚ですから、幽庵焼《ゆうあんやき》などにするとお客様も喜びます。逆にイボダイとかアワタチなんていう、うんとあった魚が今は少ないですね。アワタチは吸い物にすると、みごとなほどきれいでおいしい魚だったわね。今はもう滅多に見ないから、アワタチは忘れられた魚だわね。

私も長年やってますから、何の魚を見ても慌てることはないね。魚は変えても、昔ながらの料理法で作ってみる。大橋屋、というか私自身の仕事ですけど、創作料理はあんまり作りません。伝統の料理に、盛りつけで何か別のものを添えたりという手足をつけることはあるけどね。作ったことのない料理をお客様に出して、満足してもらおうなんていうことは、軽々しくできないって。

昭和五十年代ぐらいから、新潟の料理人のレベルは全国的な水準にまで上がってきたと本間忠治は言う。東京や大阪へ修業に出た職人が新潟へ戻ってきたこと、また料理の本や料理番組などの普及が職人の技術向上を後押しした。しかしその半面、料理についての情報があふれ、全国どこへ行っても似たような料理が氾濫することになる。

勉強の場がたくさんできたことで、新潟の職人のレベルはぐっと上がった。すると、新潟らしさはどうしても薄れてくる。私らのように長くやっている者がいるうちはまだいいですが、今後はだんだんと、昔からの料理が廃《すた》れていくでしょうね。その傾向はもう表れていて、まず、味自体がぐんと薄くなった。今の若い人が作ると、てんつゆ、そばつゆなどの「つゆ」が、これでいいのかと思うほど薄い。おいしさより、見た目のきれいさに走っているからなんだろうか。

この間も東京で活躍する料理人と話したんですが、うまさを通り越して、きれいさを追求し競う時代になっている。例えば盛りつけにしても、赤や黄色、緑色を入れて、とにかくきれいに重ねて重ねて、という料理なんです。これは東京の職人だけでなく、全国的な流れです。そういうのには私、疑問を感じますね。料理は目でも楽しみますが、結局、食べるものですから、きれいさだけに走ってはいけない。私からすると、お客様のニーズに合わせているというよりは、職人からの押しつけのような気がします。料理の本なんか見ると、本当にきれい。これが食べ物かと思うほど、奇抜なものが多いですよ。実際、よその料理を見て、ちぐはぐだなぁと感じるときはありますね。こんなに奇抜なことをしなくても、きちんとした料理法があるのになって。そういう店はやっぱり、職人が若いわね。新しい料理に挑戦したいという、チャレンジ精神なんでしょうかね。その心意気はいいと思うし応援するけれど、やっぱり納得してから出さないと。先走ってばかりじゃ料理ではない。

かくいう私も三十代の時、同じようなことをやってたんですよ、実は(笑)。二十五歳で大橋屋の板長になって、やる気にあふれていたんでしょうね。あるとき、野菜を具にした卵焼きを作るのに、「どうせ卵焼きとして火を入れるんだから、野菜にきっちり下味をつけなくても火は通るし、見た目もきれいだろう」とね、そうやってお客様にお出ししていた。ところが先代のおかみさんから、お客様は卵は食べても野菜を取り除いていたと聞かされた。実際に作ったものの味を見てみると、野菜がかたい。きちっとした味もついていないから、なんにもうまくない。見栄えにこだわって、大失敗だったわけです。「あぁ、これが料理というものの本質なんだな」と、そのとき思いましたね。確かに、若いときには習ったものばっかりやるんじゃなくて、チャレンジする気持ちも大切。そうやって失敗したことから、見えてくる答えもある。また逆に、年いってみないとわからないこともあります。全体を広く見渡せるようになるまでには、時間がかかりますしね。

私、よく言っているのは、お客様から「あ、またこの料理が出た」と飽き飽きされるのではなく、「この料理、また出してもらった」と言われて喜ばれるのが本物じゃないか、と。おいしいものは、何年先までもおいしいんです。料理の本に載っている、今はやりの料理なんかは、いつまでも続くわけがないですよ。本を見てたとえ今日、明日作っても、来年の今日には絶対に作っていないですわ。

「人の技を盗め」と言われ、口伝などもってのほかという職人の世界。本間忠治が修業をした頃は、何もわからない新米であっても、仕事のやり方を手とり足とりして教えてもらうことなどなかった。失敗して叱られた分、同じ間違いを繰り返さないように気を張った。先輩の動き、親方の技術に、神経のすべてを集中した。

しかし、「今の若い衆に、それは通じないでしょ」と、笑う。昔と違い、調理場にはスイッチ一つで働いてくれる便利な"道具"が増えた。そして、幼い時から家庭で大切に育てられた子どもたちが、その道具を使って仕事をする。板場も、料理人のための修業も、時代とともに変わったのである。

昔の職人は、技術を覚えると「俺のものだ」ということで、自分の中だけに取っておいたんだわね。だから人に味も見せないし、作り方も教えなかった。私はそういう場面にあったことないけど、昔は煮たり焼いたりしたもののつゆなんかを若い人が舐めて覚えると大変だということで、すぐに水をかけた職人もいたそうですよ。意地悪みたいだけどね。人に教えると俺のものがなくなる、そんな気持ちだったんでしょうね。私の修業先は三辻先生にしろ田村先生にしろ、料理人として技術を普及させる側の人だったから、店の中にそういう風潮はなかった。もちろん先輩から怒鳴られたり、頭にげんこつを食らったりなんていうのはありましたよ。でもそれは料理の世界では普通でね。田村ではそういう野暮ったいことはなかったけど（笑）、違うやり方をしたり数を間違えると田村先生は厳しかった。「何やってんや」と、すごまれたもんです。

昔は魚だろうと何だろうと、手に取って教えてもらうなんてことはなかったから、苦労して覚えましたよ。その大変さが身に沁みてわかるから、私は今、うちの見習いにあれこれと教えています。例えば鯛を三尾おろさせるでしょ、で、「今日の鯛の身は良かったか」と聞く。「はい」と答えると、「じゃあ、どれが一番良かったか」とね、そこまで聞いて、「これは良い身だな、悪い身だな」と教える。そういう問いかけをしないと、良いものか悪いものなのかもわからない。何も言わないと、今の子たちは皆同じだと思ってるんですから（笑）。

それに今は「自分の技術だ」なんて、取っておく時代じゃないですもの。人に教えて、自分が空っぽになったら、また何か考えればいい。

第三章

本間忠治の仕事
―大橋屋の料理―

時を重ね、技術と工夫を施してきた
本間忠治の日本料理。
写真と、料理法やエピソードで綴る六十品。

南蛮海老

Nanban Ebi

南蛮海老っていうのはクセがなく、こんなにいい海老はないわね。
海老は大抵、背わたがあるんだわ。
でも南蛮海老に限っては背わたが絶対にないの。
それが特殊なんだわね。
いくら大きくても背わたはないから、手間取らなくて使いやすい。
素材としては高級で、新潟では南蛮海老、
かにがないと話にならない。
でも、かに料理っていうのは、素材そのものがおいしいから、
あんまり種類がないですよ。
かには手を加えすぎてはならないけど、
その点、海老は何をしてもおいしい。
揚げて良し、焼いても良しだわね。

南蛮海老の麹《こうじ》漬け

麹漬けは、麹をうまく戻すのが仕事なんですよ。乾燥して花の咲いた麹を、お粥《かゆ》で戻す。やり方としては、やわらかいお粥を炊いて、六十度に温度を下げて麹と混ぜます。夕方仕込んで一晩六十度を保っておくと、翌朝に甘い麹ができているわけ。昔は六十度に保たせるのに、こたつに入れたり、炭火にかけたりしてね。今は保温ポットを六十度に設定して、麹を戻していますよ。それを冷ましてから、塩をしておいた南蛮海老と合わせる。一日たてば、翌日にはもう食べられますよ。何とも言えない甘しょっぱさが、おいしいです。

海老っ子の塩辛

海老は年中、子を持っているんだけど、春先の子、四～五月頃の身の入《い》った、硬くなった海老っ子がいいんだわね。やわらかい子だと、あんまり出来は良くないね、ダラダラになって。この塩辛は海老っ子に塩をして、一週間ぐらい漬けておくだけ。塩あんばいが決め手だね。できた上がりに、酒とうまみ調味料をごく少々入れてお出しする。

海老っ子は、南蛮海老を目の細かいザルに入れて、手で米をとぐようにすると選り分けられる。簡単に取れますから、やってみて。

つゆの玉

南蛮海老のつゆ（汁）を寄せたもの。てん（寒天）で固めたものだわね。海老の頭のだしつゆに醤油味をつけて寒天で寄せ、くり抜きでまん丸く抜く。それをいくつか盛って、上にこおりもちをかけた。南蛮海老のつゆがおいしいので、それをうまく食べさせようという一品だね。

海老しんじょう

南蛮海老のつぶし身に卵の素《もと》を一割半〜二割ぐらい入れ、水にさらしたうーんと細かい玉ねぎのみじん切りを加える。そこに少々の塩味を合わせて、形をつくって片栗粉をまぶして揚げます。うちでは片栗粉だけど、パン粉でもおいしいですよ。お祝のときには素材を変えて小鯛しんじょうにしたり、海老しんじょうでも秋には柿、正月にはクワイの形に見立てたりして作ります。普段はまん丸く、お饅頭《まんじゅう》形で。今はだんだん小さくなったけどね、昔はどーんと大きいしんじょうでね（笑）。よそさまは天つゆですが、うちはケチャップとソースを合わせた割りソースで食べます。大橋屋では年中作っている看板料理。海老をたっぷり使う、贅沢な一品ですね。

若い時は、もっときれいな色にするために玉ねぎを入れないこともあったんだわ。すると、玉ねぎが油で焼けることがないから真っ赤に出来上がるんだけど、食べてみるとやっぱり物足りない。玉ねぎの甘みが必要なんだね。東京の方にも海老しんじょうはあるけど、芝海老を使う。すると芝海老は身がかたいから、新潟の海老しんじょうとは全く別のものができるわね。その上、芝海老は背わたを取る手間もある。私の知人の笑い話で、東京で見習いをしていた頃、朝から芝海老の背わた取りをやっていて気がついたら夜だった、なんてね。オーバーな話だけど、それほど手間がかかるんだわね。

※卵の素…卵の黄身に塩を入れ、サラダ油でのばしたもの。

鮭

Sake

鮭の遡上《そじょう》する川がいくつもあるから、
新潟の人にはなじみ深いんだろうね。
一番多く食べる魚じゃないかね。
村上市の郷土料理として有名だけど、捨てる所のない魚。

鮭子《きけこ》の味噌漬け

鮭子はおなご鮭の腹から出して袋を手で上下に開き、それをガーゼで包み、味噌漬けにする。その味噌がコツで、酒でのばした味噌にほんの隠し味程度の砂糖を入れて、まろやかな味にする。一日で漬け上がるので、包丁で一口大に切り出します。

新潟では鮭の子を漬けるというと、醤油漬けが主なんだわ。味噌漬け、醤油漬けのどっちもおいしいが、私は味噌漬けのほうが味に深みがあって好きだね。

頭のスッポン煮と栗麩《ふ》の揚げ煮、百合根《ゆりね》の白煮《はくに》

酒を水で割ったところに、歯を取った秋鮭の生の頭を入れて炊く。やわらかくなったら砂糖、醤油、水飴少々で味付け。あとは、飴色になるまで煮上げていきます。捕れたばかりの秋鮭がうまいね。鮭の骨は他の魚よりうんとやわらかいから、こういう料理があるんでしょう。今の人は、骨と一緒に食べることがあんまりないように思う。それに魚の皮を喜ばないね。うちの若い衆を見ていると、魚の皮は剥いで食べている。ああいうのは、私らの世代は抵抗があるなぁ。皮は食べられないと思ってるんじゃないだろうか。若い奥様方も、子どもに皮を剥いで食べさせているものね。

よもぎ麩はそのまま煮るんだけど、栗麩に限っては、揚げてから煮るのがおいしいんですよ。歯応えがあって。あのまま煮ると、うまくないんだわ。百合根は素材の色を活かして、甘く飴炊きする。砂糖と塩で、白煮にね。醤油は色が付かない程度に足すだけ。スッポン煮のこの皿は、三種類、全部違う甘さが楽しめる料理です。

鮭の素《もと》焼《や》きとよもぎ麸《ふ》の田楽、木の葉蕪《かぶ》

酒塩をした鮭の切り身に焼き葱《ねぎ》を射込《いこ》み、上にしんじょうの卵の素を塗って焼く。上がりにバターを塗ってもうひと呼吸、焼いて仕上げます。余談ですが、卵の素と魚に酒を振るというのは、明治の人で新発田出身の"料理の神様"渋谷力太郎さんという人が発明したんですって。この人が職人をしていた時に、晩酌の酒をひっくり返して焼き魚にかけてしまった。おや、と思ったが、その魚を食べたら思いのほかおいしかったと。それが酒塩の始まり。魚の生臭みを消すのと、やわらかく仕上げるための仕事だね。卵の素も、これが入らないと、しんじょうはかたくておいしくならない。ふんわり、やわらかくさせるための工夫なんだわね。今では当たり前のようだけどね。

鮭の大根巻き

かつらむきした大根で、鮭を巻いて煮たもの。秋の鮭と同じ時季の大根が、ちょうど相性がいい。盛りのもの同士を組み合わせた、昔っから新潟にある料理だね。薄口醤油とみりん、砂糖、酒で、薄味に仕上げた、本当においしい煮物です。大根がやわらかくなれば出来上がりなので、鮭に骨は入らない。今は廃《すた》れてきて、若い料理人は作らないわね。ぜひ作ってほしいけどね。

なます

Namasu

大橋屋では、なますは幾種類かあるね。
コースの中によく登場するのは、かき和えなます。
よその店であんまり作らないのは、鎌倉なますかな。
びりびりと酢を利かせているのはなますじゃない。
なんせ、なますは甘くなきゃだめです。

鎌倉なます

今でこそ葬式のときは、通夜振る舞いをオードブルで済ませているけれども、ほんの最近までは、お通夜に精進料理を五品ぐらい付けたものですよ。その中に入っていたのが、大根おろしと立て塩につけた胡瓜《きゅうり》、水前寺海苔《のり》、パイナップルを合わせた、この鎌倉なます。つゆはザンブリと、たっぷりあって、飲めるほど甘くておいしいなますだね。普通、なますはつゆをかたく絞るんだけど、鎌倉なますに限ってはおろし大根を半日も水にさらして臭みを取り、それを絞らずにザルにあけ、自重で水が切れるのを一時間ぐらい待って、具を合わせて味つけする。これは昔っからうるさく言われたことです。

天盛りにタピオカをのせているけど、タピオカは大昔からありますよ。白いタピオカをうちで赤く染めて、散らす。漢方薬だそうですね、タピオカは。見た目もきれいなので、お客様の印象もいいですよ。

※水前寺海苔…淡水に生える藻で作った海苔。

玉子なます

今はあまり登場しませんが、昔から大橋屋にあったなますの一つ。なます類には針生姜《しょうが》やタピオカ、柚子《ゆず》皮の千切りがのったりしますね、いわゆる天盛り。これを、お客様に限らず若い職人もそうだけど、飾りだと思っているんじゃないだろうか(笑)。確かに味の一つの要素だったり季節感を出したりする役目もあるんだけど、これには本来、大切な意味があって、「これはあなたのために、今、初めて盛りました」ということを伝えるものなんです。「この一品には誰も手をつけていませんよ」という、お客様に対しての表示なの。

玉子なますは、砂糖入りの玉子そぼろと立て塩の胡瓜《きゅうり》、茹《ゆ》でた南蛮海老を酢で合わせる。これもおいしいですよ。卵の香りがいい料理なので、そぼろを作る時は煎り過ぎないよう、菜箸でふわっと仕上げる。天盛りは味の相性がいい、針生姜で。

※鱒のけんちん焼き(P70)の卵はごはんベラで練り上げる。

氷頭《ひず》なます

よそでは今はもう、味付けしてある氷頭(ひず・鮭の頭)を使っているけど、見た目が真っ白できれいな半面、脂が抜けていて氷頭のうま味はないですよ。うちでは最盛期の鮭の頭を取って、塩で締めてから酢につけて保存しています。それを正月から使う。酢でうんと締めていないと、氷頭が生臭いしかたくてね。だから、十分に臭みを取ってやわらかくなるまでねかせた氷頭が、大事な料理ですわね。あとはとにかく、大根おろしをさらすこと。流水で半日かけてさらした大根おろしはゆるく絞って、砂糖、酢と合わせる。あとは柚子《ゆず》の千切りと、とと《ゆ》まめを混ぜ合わせて出来上がり。

※ととまめ…鮭子を半なまに塩茹《ゆ》でしたもの。

かき和えなます

新潟には、かき和えなますが二通りあります。うちのは鍋茶屋系で、甘酢で味付けしたもの。もう一方は、酢味噌で合わせる。甘酢のほうは、東京の八百膳にいた職人が新潟に紹介したんじゃないか、という話ですね。酢味噌のほうは、以前、金寿という料理屋さんに高野さんという人がいましてね、その人のかき和えなますには味噌が入った。その流れを汲んだ料理人は、味噌を入れるんだね。うちのは材料として、八〜十二種類入る。キャベツ、もやし、レンコン、こんにゃく、干し椎茸《しいたけ》、胡瓜《きゅうり》、菊、蕪《かぶ》、ウド、焼き麸《ふ》(小倉麸)。そこに時季なら、防風《ぼうふう》も入れます。胡瓜と蕪、ウドは立て塩につけ、レンコンとこんにゃくは下茹《ゆ》でして薄い醤油味、椎茸は甘煮に、あとは下茹でしておく。材料の下仕事が終わったら、塩をしたものは水で流して絞り、煮たもの以外は薄い甘酢に漬けておく。使うときは甘酢を軽く絞って胡麻《ごま》醤油に合わせ、すぐにお出しします。うちではぴりっとくるアクセントとして、具の中に忍び生姜《しょうが》(針生姜)を入れる。たっぷり入れると香りもいいですよ。昔は生姜の搾り汁でしたから、それが変わったところかな。あとは昔とそっくり同じ作り方ですね。

今は白胡麻をするのにいい機械ができたけど、昔は手作業ですったもんです。二人、三人で、交代ですってね。すり鉢はひと抱えもある大きなもので、棒も人の背丈ほどありました。その棒を、立った者が上を持ち、下の者がしゃがんでつかむ。息を合わせて棒をグルグル回してするわけです。胡麻の油が出てペースト状になるまでするのは、それはそれは大変なもんで、重労働を通り越してたわね。当時は精進料理であれば、練り胡麻は胡麻豆腐とかき和えなますに使うから、いくらでも必要だった。ところが半日すっても、ほんの少ししかできなくてね、仕事を言いつけた親方が恨まれた

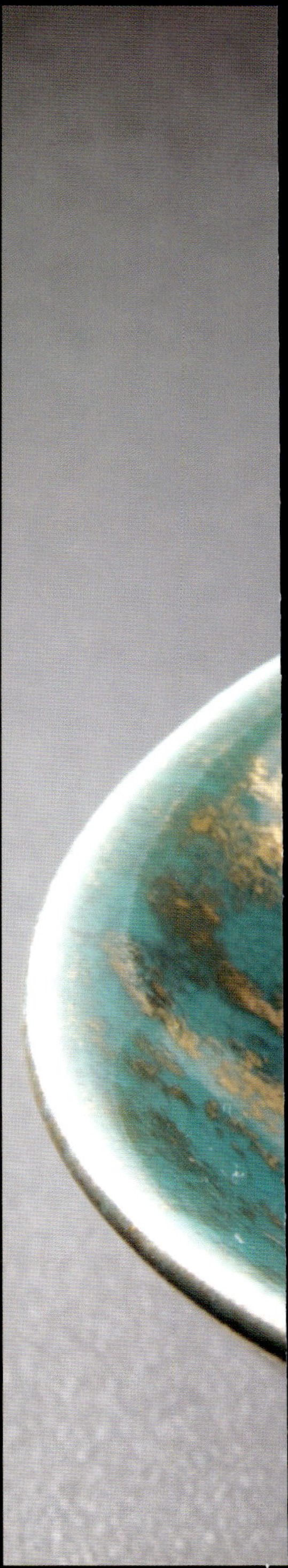

精進料理

Shoujin ryouri

大橋屋は昔から、冠婚葬祭の料理を看板にしていました。
戦中から戦後にかけて大橋屋はしばらく本館を離れ、
古町通五番町で食堂をやることになりましたが、
その時も仕出しは受けていましたね。
私は食堂時代から見習いに入り、
修業の途中で本館に戻ることになりました。
当時は金額のいい精進料理になると、
鍋茶屋にいた菅原愛次郎さんが八〜九品付けるうちの
二、三品、特に面倒な料理を自宅で作って、
大橋屋に持ってきてくれましてね。
その中に、鯨《くじら》豆腐やレンコンのすり揚げという料理がありました。
当時の大橋屋の職人では、
難しくて作れなかったんだと思いますね。
愛次郎さんはうちのＯＢだから、
それを放っておけなかったんでしょう。

鯨豆腐

精進料理では刺し身代わり、メインを飾る料理ですね。いわゆる〝鯨もどき〟で、綿豆腐を「絞り豆腐」にして、それを寒天で寄せる。皮の黒い、鯨の脂身に見立てて作ります。火を入れていない生豆腐だから、すごくおいしいですよ。白いところも黒いのも味は同じで、少し甘い味付け。甘辛い酢味噌を付けて食べます。

正式には「鯨南蛮」という名前なんだけど、本当に面倒な料理なんだわね、これが。菅原愛次郎さんなんか、「この鯨豆腐が毎回失敗なくできれば、精進料理は卒業だ」と言っていたくらいでね。何が面倒かといえば、寒天で寄せた白い豆腐に、黒胡麻《ごま》をすって入れた黒い豆腐をくっつけるところ。それがとにかく技術だったけど、愛次郎さんに教わったやり方だと二回に一回は必ず失敗したもんです。だから、なんでこんな面倒な料理をやるんだろうと思ってましたよ（笑）。

愛次郎さんはまず、アルミの面器（バット）に白い豆腐を作って、まだ完全に固まらないうちに上側を少しこそぐようにして、その上から別の面器に作った黒い豆腐液をすーっと流していく。でも、言葉のようにはうまくいきませんよ。どんなに慎重にやっても、最初は面器からドーッと豆腐液が勢いよく流れ出るし、土台の白い豆腐だって固まっていたり生だったりするから、場所によっては黒いのが下まで入り込んだり、うまく上に流し込んだとしても厚さが均一にならない。その上、タイミングが悪いと白と黒がくっつかないの。そのうち愛次郎さんは新しいちり取りを二つくっつけて、液が出る口を細くしてみたらどうだとかって、そこまでやってみたけど、なかなかうまくいかない。完全ではなかったね。そうやって長年、ずっと「面倒だ、面倒だ」でやってきたわけ。

ところが、翌日にはお客様があるのに、作ってもあてにならない料理では仕方がない。そこで私、よく考えてみたんです。で、白い豆腐を完全に固めて、そのあとバットごと魚焼き機に入れて上っ面だけ、ちょっとベタつくくらいほんの少し溶かして、そこに黒い豆腐液を流し込んだ。そうしたら百パーセント間違いなくできるようになってね。白い部分も黒い部分も波うったりしないで、もうキッチリきれいに仕上がる。それが二十年くらい前ですね。愛次郎さんの時代には炭火ばっかりでガスの機械はなかったでしょうから、〝時代〟の思いつきだわね。そんなことで今は、失敗は絶対なし。今度は誰に教えても簡単にできるから、もう「鯨豆腐で卒業」なんて言わなくなったね（笑）。まぁどんな料理も、味を見なくても料理の様子が目で見て分かるようになれば、卒業じゃないでしょうかね。

筍《たけのこ》フライとバナナの挽茶衣

新筍の時季だけの料理。缶詰や冷凍の筍ではうまくない。春先のみの料理です。これは必ず、筍に下味を付ける。生の筍を茹《ゆ》でて鰹《かつお》だしに砂糖、醤油で薄味を付けたら、パン粉をつけて揚げる。これはそのまでうまいですよ、シャキシャキして。筍の若い風味が味わえます。

うちでは精進料理の揚げ物には二種類つけた。春先の揚げ物としては、この筍とバナナの挽茶衣の組み合わせでした。バナナはかためのものを選び、抹茶を入れた天ぷら衣で揚げる。飾りの葛《くず》きりもピンク色に染めて、春らしい色彩の料理です。

レンコンのすり揚げ

　レンコンのすり揚げとクワイのすり揚げの違いは、豆腐が入っていること。クワイは細かい目でおろすけど、レンコンは粗目の下ろし器でおろして食感を出す。でもレンコンのカリッとしたところばっかりでは食感が強すぎるので、絞った豆腐を入れるんです。粗くおろしたレンコンはクワイほど澱粉がないから、さらさずに軽く絞る。裏ごしした絞り豆腐はレンコンの三割程度。そのタネを四角く切った焼き海苔《のり》に塗り、網目模様を付けて油で揚げます。それを油抜きして、薄甘の醤油味に煮含めて出来上がり。

　レンコンやクワイは、絞り方ひとつで味が変わる。面倒なんですよ。ここまでいくと勘になるから、これで良し、というのは毎日やっていないとつかめないね。

クワイのすり揚げ

この料理も、大橋屋で昔からやってた料理ですね。菅原愛次郎さんと同じ頃の、関口俊二さんという先輩が一生懸命作っていたのを覚えています。まずは、おろしたクワイを水にさらして澱粉を流します。このクワイの澱粉は強力なんだけど、少しは残っていないと風味がなくなる。さらしたクワイは絞って卵の黄身と泡立てた卵白を合わせ、丸形や四角にして油で揚げます。うちは丸形ですね。今日のすり揚げは具として百合根《ゆりね》と銀杏《ぎんなん》、キクラゲが入っています。揚げたものは薄甘に煮上げる。これは本当に、うちの看板料理といってもいいくらいのものだけど、おいしいですねぇ。よそのすり揚げがかたくておいしくないのは、クワイの洗いが足りないから。ごつごつしますよ、食感が。うちではおろしクワイを漉し袋に入れて、澱粉を流水で洗い流す。だからつるつる、滑らかな食感でね。この正月に梅親会でこれを出したら、皆、口を揃えて「こんなにやわらかいのを、どうやって作ったの」とびっくりしていたね。「いいねぇ、いいねぇ」と(笑)。

※梅親会…菅原愛次郎さんから料理を教わった人たちが「愛次郎を囲む会」としてスタート。

延命袋《ぶくろ》

これは多分、大橋屋オリジナルの料理でしょう。先々代の料理人（菅原愛次郎さんや関口俊二さん）の時代には必ず作っていました。半乾きの湯葉で炒り豆腐を茶巾に絞り、干瓢《かんぴょう》で縛って揚げる。普通、茶巾に絞ったらおしりのほうから揚げるものだけど、うちではおしりを持って口の方から揚げた。するとぱっと、ひだが花の咲いたようになる。またよそはこうした「かやく湯葉」を煮含めるけど、大橋屋では醤油味の葛餡《くずあん》を器に盛り、その上に茶巾を置いて葛餡で食べる。湯葉のぱりぱりした食感と、胡麻《ごま》油で炒った具もこくのある味わいでおいしい。見た目も華やかですね。

※炒り豆腐…綿豆腐を茹《ゆ》でて水を切り、人参、筍《たけのこ》、キクラゲとともに胡麻油で炒りあげたもの。

ゼンマイの羽《は》二《ぶた》重《え》巻き

精進料理のお坪《つぼ》につける一品。白和えは白和えでも、白和え衣で具を巻くという仕事です。これは東京の料理人の先生から教わった料理だね。下煮したゼンマイを、やわらかい羽二重（白和え衣）で巻いたもの。これを冷蔵庫で一晩ねかせると、白和えが締まるんですわ。箸で衣とゼンマイを合わせながら食べていただきます。日本料理には和え衣で巻くという、こういう仕事もあるんですね。

従兄弟《いとこ》煮《に》と高野豆腐のひじき巻き

新潟の郷土料理ですよね。他県にもあるけれど、地方色さまざま。うちは小豆とレンコンで作る。新潟の従兄弟煮は塩味で炊くものだね。だけど塩味というと、昔ながらの従兄弟煮をわかっている人はいいんだけど、今の人たちはご馳走に感じられないようでね（笑）。塩味では納得しない。そこで私が大橋屋に帰ってきてからやり始めたのは、砂糖と醤油、水飴で甘く煮揚げる従兄弟煮。すると皆さん、喜んで食べてくださるんです。店での食事のほか、時折デパートへお惣菜の一つとして出していますけど、これにもまた、熱心なファンがいましてね。「お膳には絶対、これを付けてね」という方もいらっしゃいます。かたや、うちではお弁当に入れるのは、レンコンの穴に小豆を射込んだ形の「小倉煮」。甘みの強い従兄弟煮に比べると、こちらはつゆたっぷりの煮物ですから、しょっぱみが控えめです。

高野豆腐のひじき巻きは、高野豆腐を戻して白煮にしたものを二枚に切って、それで下煮したひじきをスダレで巻き、一晩おく。これは彩りに私が考案したものだけど、正直いえば、ご紹介するほどの料理ではないね。恥ずかしい一品（笑）。

鰻《うなぎ》豆腐と長芋レンコン

鯨《くじら》豆腐と同じで、豆腐で作った〝鰻もどき〟です。絞り豆腐に大和芋のすりおろしを二割弱入れて、よくすり混ぜる。それを短冊に切った海苔《のり》の上に、鰻の開きのように盛り上げます。これを油で揚げて、さらに鰻のタレで蒲焼き風に仕上げる。口直しには、甘酢の長芋。〝花レンコン〟に見立ててあります。一本の長芋から、花を一つずつむいていく仕事です。

黒クワイの三色団子

黒クワイを新潟ではゴイと言いますから、うちではゴイの三色団子とも呼んでいます。焼き魚のツマとしてお出ししますが、今はよそでは、あまり見かけなくなった料理ですね。

黒クワイを細かくおろして、つゆを軽く絞ります。このとき、耳たぶくらいのかたさにする。そこにほんの少し砂糖を入れて、白、赤、緑の三色に染めて、団子状に丸めて蒸す。それを甘酢に漬けて出来上がり。

クワイのカステラ

これも大橋屋に代々伝わっている料理ですね。私は、菅原愛次郎さんから教わった仕事です。普通なら揚げるすり揚げのタネを、オーブンで焼くんです。クワイをすりおろして澱粉をよぉく洗い流して、卵の黄身と泡立て卵白を合わせる。砂糖で甘くしてね。それをバットに入れてオーブンで焼く。カステラと同じに、ふわふわに仕上がりますよ。このタネに木の芽味噌を塗って、表面を焼いて田楽にしてもおいしいです。魚のカステラをする人はいるけど、クワイのカステラは珍しいと思いますよ。

たくあんの白和え

これまたおいしい、新潟の料理。聞いたことない？（笑）。春先の、甘みがあまりない白いしょっぱいたくあんね。それを薄く輪切りにして、よくもみ洗いして塩分を出したら、白和えの衣で和える。大橋屋の白和え衣は、絞り豆腐と当たり胡麻《ごま》、砂糖、塩、かくしにほんの少しの薄口醤油。それでたくあんを和えます。これはもう、新潟の家庭のおかずだわね。ぱりぱり、かりかりした白和えで、非常においしいですよ。

レンコンの甚太和え

これは新蓮《しんばす》が出たときの料理。やわらかい新レンコンと枝豆がちょうどおいしくなる、という頃ね。七月頭ぐらい。新ゴボウでもおいしいんだけど、うちは新レンコンで作ります。レンコンは拍子木切りにして白煮。枝豆は茹《ゆ》でて、甘皮までむいてからミキサーでペースト状にし、そこに砂糖、塩を入れレンコンを和える。たくあんの白和えと同じで、レンコンの下煮は軽くして、ぱりぱりした食感を出すのがコツ。秋のレンコンでは硬くておいしくないし、新蓮にしてもやわらかい芽のほうしか使いません。緑色が爽やかな、甘口の和え物だわね。

胡麻《ごま》豆腐

言わずと知れた、大橋屋の看板料理ですわね。昔からまったく同じ作り方でやっています。煎《い》り胡麻をすったものをガーゼに包み、適量の水の中で二十分ぐらい揉みながら、成分だけを搾り出します。そのあと、胡麻の成分が出て乳白色になった水に吉野葛《くず》を溶かして、強火にかける。大鍋に張った液はたっぷりで、これを大きな木しゃもじでゆっくりゆっくりかき混ぜると、あるとき液体から固まりになるんですね。その時、砂糖を入れて、ここから一時間半かけて練っていきます。葛に空気を含ませながら、つやが出るよう、焦げないように練り込む。火加減を調整しながらね。何といっても力仕事ですから、うちでは若手が交代で作っています。

昔はごはん茶碗で「葛一杯、水何杯」なんて、そんなことして量れと教わってましたけど、茶碗にも大小ありますからね（笑）。人に教えるには不都合もあった。そこで菅原愛次郎さんが、「ちゃんとグラム数に直してやろう」と提案したんです。それと、面器に胡麻豆腐を流すと、表面が空気に触れて硬い膜が張ったようになる。もちろんその部分はお客様に出せませんから、そいで捨てていたんですね。私も見習いのとき、そういうシーンを見るたびに、「もったいないなぁ」と思っていました。その後、もう二十五年も前になると思いますけど、当時すでに鍋茶屋さんにいた愛次郎さんが、胡麻豆腐づくりの秘策を教えてくれた。熱い胡麻豆腐をバットに流し入れたら、表面にビニールをぴったり張って、空気に触れないようにしたんです。それを自然に冷ますと、ビニールを取った時、表面がつるんとしている。ラップやセロファンだと、べったりくっついてだめ。やでもか（どうしても）ビニールでないと、だめなんです。

新生姜《しょうが》のべっ甲煮

新生姜の孫の、やわらかい部分だけを使います。薄くスライスした生姜を茹《ゆ》でてアクを流し、酒と醤油、砂糖、水飴で煮上げます。透き通って見えるほどのべっ甲色に仕上げるのがコツ。爽やかな辛味がおいしい一品です。

糸瓜《うり》の粕漬け

秋の深い頃に、うんと実の入った糸瓜を選びます。輪切りにした糸瓜をほんの二〜三分、茹《ゆ》で過ぎずに、ほぐれてきたら水にさらして実をほぐす。ご家庭なら、このままマヨネーズをかけたり甘酢に漬けたり。うちではこれを粕漬けにします。奈良漬の粕に四割ぐらい田舎味噌を足して、三〜四日漬ける。前菜の一品ですね。酒肴にいいです。

Yakimono

焼き物

鮮度のいい魚は、塩焼きが一番上等の料理ですわね。
塩焼きというと簡単に思えるかもしれませんが、
塩梅《あんばい》、まさに塩加減が大事で、実は一番面倒な技術がいります。
魚に塩をふって、そこで味を見るわけにはいきませんからね(笑)。
塩のふり加減をつかむまで、なかなか時間を要します。
いい魚を選ぶ目利きも大切ですが、
手を加えなければおいしくならない食材というのもある。
そういう腕の振るいかたも、料理にはあります。

菰《こも》塩《じお》甘鯛

小甘鯛に強塩《ごうじお》をするところからが、仕事の始まり。新巻き鮭を作るのに、魚に塩を当てるでしょ。それと同じように、魚の表面に塩をすり込ませます。甘鯛は水っぽい魚なので、わずかな時間で塩が入る。塩で締まってかたくなった魚は、全体がぐっと細くなりますよ。うちでは塩漬け三時間を目安に、その後、塩抜きをします。流水に当てて、二時間半から三時間。すると元の大きさに戻ります。それを焼くのが「菰塩焼き」。

わざわざ塩で締めてまた戻すなんて、どうしてこんな仕事をするかというと、身が適度に締まって身離れもよくなるからなんです。何もしないでそのまま塩焼きにすると、甘鯛は水っぽいからぐちゃぐちゃしてうまくないし、身離れもよくない。ずっと昔、塩は藁《わら》で作った菰に入れて保存していたものですが、夏になると塩気のしみた菰を捨てずに小甘鯛を包んで塩締めにしたんですね。それがこの料理の始まり。昔の人の知恵なんですわね。

ただ、塩を当てればいいかというと、これが難しい。日によって不思議なほど、塩の回り方、抜け加減が違うんです。だから時間はあくまでも目安。私は魚に包丁目を入れ、そこを実際に舐《な》めてみて、塩の抜け具合を確かめています。

鱒《ます》のけんちん焼

　時季によっては、味に満足のいかない魚しか入らないこともある。そういう魚にうまく仕事をして、おいしく食べてもらう。これはそういう一品です。

　春先の鱒はまだ小さくて、脂が乗っていない。そこで鱒は筒切りにして中骨を抜き、卵けんちんの種を射込んで味を深めます。卵けんちんのポイントは練った卵。卵に砂糖、塩、隠しで醤油少々を加え、ごく弱火にかけながら、ごはんべらを使ってねっとりするまで練り上げます。そこに人参、筍《たけのこ》、キクラゲを鰹《かつお》だしと砂糖、醤油で下煮したものを合わせ、鱒の中に射込む。表面にバターを塗り、オーブンで四十〜五十分かけて焼き上げます。

鯡《にしん》の木の芽焼

春、鯡の盛りに作る、まさに旬の料理です。二十年以上前に、この料理法がブームになった時がありました。今はあまり見なくなりましたね。おいしいのに残念です。

鯡には小骨があるので、身の表と裏から、中骨まで当たるように深く骨切りします。それを濃い口醤油、砂糖、酒、みりんで作ったタレで、照り焼きにする。ゆっくり、じっくり、三回ぐらいタレをかけながら焼くのがこつです。こうすると食べるとき、小骨が触らないんですね。昔の料理名人は鱧《はも》一寸（約三センチ）に二十三〜二十四の包丁目を入れたと言いますが、そこまでいかなくても、ぐっと細かく切るのが大事。

鰻《うなぎ》の味噌漬け

これも鰊《にしん》の木の芽焼のように、最近ではあまり見かけません。うちでもあまりやらなくなったのですが、決して忘れてはいけない昔ながらの料理です。肝心なのは、鰻の皮を引くこと。皮がついているとかたくて食べにくいので、これが一番の仕事ですね。

麹《こうじ》味噌は酒とみりんでゆるめにのばし、ここに鰻をどぶ漬けします。鰻《うなぎ》はすぐに漬かって味がのるので、二時間ほどで取り出して焼きます。焼き上がりには蒲焼きのタレを塗って、照りを上げる。盛り合わせには、口直しのだし巻き玉子と酸っぱい赤ピーマンの砧《きぬた》巻きを添えました。ちなみに、鰻を漬け床から取り出して味噌をていねいに拭き取れば、二、三日保存もできます。

煮物

Nimono

甘めに味付けする煮物に関しては昔から、
よそより甘《あま》が勝っていると思いますね。
やはり〝土産仕事〟なので、保存性を高めたんでしょう。
また今は、女性のお客様も大勢来られますのでね、
甘い味付けが受ける。
季節によって煮物の献立は変わりますが、
次に何しようかなと思っていると、
よくできたもので次から次へとおいしい食材が出てきます。
煮物は一気に炊き上げておいしいものと、
一晩ねかせて翌日仕上げるものがある。
そんな仕事の区別がいりますね。

のっぺの山かけ

大橋屋ののっぺには、鶏肉は入りません。鰹節《かつおぶし》と干した帆立て貝柱、干し椎茸《しいたけ》のだしで作ります。具材は里芋、人参、こんにゃく、干し椎茸、筍《たけのこ》、クワイ、銀杏《ぎんなん》、シメジ、百合根《ゆりね》、そして"ととまめ"。新潟では、のっぺにととまめが欠かせないし、これが入らないとお話になりません。

材料は茹《ゆ》でこぼして味付けに入りますが、里芋だけは別。うちでは生で煮ています。その代わり下仕事があって、そのまま生だとつゆが濁るので、里芋は切ったら塩水に漬けて一晩おき、ドロッとした余分な白いぬめりを取ります。それをザルにあけてよく洗い、ほかの野菜と一緒にだしで煮る。味付けは醤油と塩、砂糖です。

のっぺにすった山芋をかけるのは、いつから始まったことでしょうかね？長芋だけでもおいしいんですが、長芋はゆるいので椀の下まで流れてしまう。そこでしっかりと粘りのある大和芋を長芋と半々にして、薄口醤油で少々の味付けをしてからかける。山かけをのっぺにからめて食べると里芋のぬめりと合わさって、なお一層つるつると喉《のど》ごしよく食べられます。

冷し煮物の胡麻《ごま》クリーム敷き

八月の暑い時期に、とても喜んでいただける一品。煮物も器も、冷やしてお出しします。使うのは水晶なす、かぼちゃ、人参、こんにゃく、高野豆腐、車海老。すべて別々の味付けで煮てあります。水晶なすは、透き通ったなすの色合いが大事。皮つきのまま素揚げして皮をむくと、名前の通り水晶のように鮮やかな緑色に仕上がりますので、その色を活かすように鰹《かつお》だしと白醤油のつゆに浸しておく。こんにゃくは蛇腹に包丁目を入れ、フライパンでソテーして蛇腹の目を立たせたあと、鰹だし、醤油、砂糖、みりんで味を含める。煮物としては、全体的に薄味ですね。白の当たり胡麻に砂糖、薄口醤油を足した、少し濃いめで甘辛の効いたクリームソースをからめていただきます。

パンのスープ煮

大阪の老舗料亭さんがやっていたもので、職人の縁で新潟に入ってきた料理のようですね。大橋屋では昭和四十年頃から作っていて、会席料理の温物《おんもの》としてお出ししています。

これはね、いいパンでなきゃだめ。やっぱり粉が違うんでしょうかね。うちでは新潟市にある、名店と呼ばれる老舗パン屋さんの食パンを使うんですが、一度、いつもと違うパン屋さんのもので作ったら大失敗してね、すっかり懲りちゃった（笑）。

作り方は、まず食パン一斤から五センチ角のサイコロ状にパンを切り出し、三、四日陰干しにして、カリカリに乾燥させる。それをきつね色になるまで素揚げして、熱湯で油抜きしておく。鰹《かつお》だし、醤油、みりんで和風スープを作り、揚げたパンを含め煮にし、仕上げにパンを煮たつゆで作った鶏そぼろあんをのせます。スープを吸って三倍ぐらいにふくらんだパンを箸で切ると、スープがじゅうっとしみ出てきますよ。あつあつを召し上がってください。

巻きそうめん

そうめんにちょっと工夫をして、目先を変えて食べていただけるよう仕事をしました。

そうめん一把《わ》は片方の端だけ凧《たこ》糸で縛り、茹《ゆ》でて水で洗い、ぬめりを取ります。それをさらに熱い寒天の汁《じ》の中で振り洗いしたら、すぐに引き上げ、セロファンを敷いたまきすの上にそうめんをのせ、糸で縛ったかたい部分を切り落として、麺をまきすに広げます。そこに具としてかにのむき身、茹でた三つ葉、甘煮椎茸《しいたけ》、錦糸玉子を彩りよくのせ、巻き込みます。巻き上がったものはセロファンに包んだまま一晩ねかせ、一口大に切って出来上がり。これはめんつゆでいただきますが、つゆにつけたときに一本ずつ麺がばらけるように仕込むのが技。切り口の赤、青、黒、そしてそうめんの白が鮮やかです。

レンコン小倉煮と豆腐飛竜頭《ひりゅうず》

二十年ほど前、職人の先輩が「生のレンコンに生小豆を詰めて、そばだしで煮るとおいしい」と、私に作り方を教えてくれました。同じレンコンと小豆で作る従兄弟《いとこ》煮は、郷土料理ですからずっと以前から親しんでいましたが、当時、レンコンに小豆を射込んだ小倉煮というのは新潟でも聞いたことがなかった。そこでさっそく試してみたんですが、これがなかなか、うまくいかない（笑）。レンコンの穴に生小豆を詰めると、どんどん、ギッシリ入っていきますでしょ。それを煮ると、小豆が汁を吸ってふくらむ勢いで、レンコンが割れてしまう。何回やっても失敗してね。レンコンの補強をしようと凧《たこ》糸でぐるぐる巻きにして煮てみたけど、これもだめ（笑）。そこで小豆を半生の状態に茹《ゆ》でて、ある程度ふくらんだものをレンコンに詰めたら成功しました。

味付けについては私、作り方を聞いたときからそばだしは新潟では受けないと思っていたんです。実際、そばだしで作って、自分で食べてもおいしくなかったからね。それでもっと甘の勝った、濃いめのつゆで煮るようになりました。

豆腐の飛竜頭は絞り豆腐を裏ごしして、そこに二割程度のおろした大和芋を加え、よくすり合わせて団子に取ります。うちはそこに塩茹でした海老、八方だしで含めた銀杏《ぎんなん》、もどしたキクラゲを具に入れて、がんもどきと同じように油で揚げます。それを油抜きし、鰹《かつお》だしに砂糖少々、醤油、みりんを足したつゆで含め煮にします。小倉煮は濃いめ、飛竜頭はあっさりめなので、二種類の味の違いが楽しめます。

※八方だし…鰹だしに醤油、みりんで味付けしたもの。

かに

Kani

大橋屋では焼きがにや切りがになど、
あまり手を加えないかたちでお出ししていますが、
切りがにとしてはちょっと出せないような、
やや身の入りに不満のあるものは、むき身にして料理します。
かに自体がおいしいですからね、
どれも評判がいいですよ。

日輪焼き

日輪焼きといえば、かにを使った昔ながらの料理。前菜の一品としてお出ししています。筍《たけのこ》、椎茸《しいたけ》、三つ葉を油で煎《い》り、茹《ゆ》でてむいたかにの身と卵の素を合わせます。それをアルミカップに入れてうずらの卵を落とし、オーブンで焼く。昔はステンレス製の日輪焼きの型があってブリキ屋さんに作っ

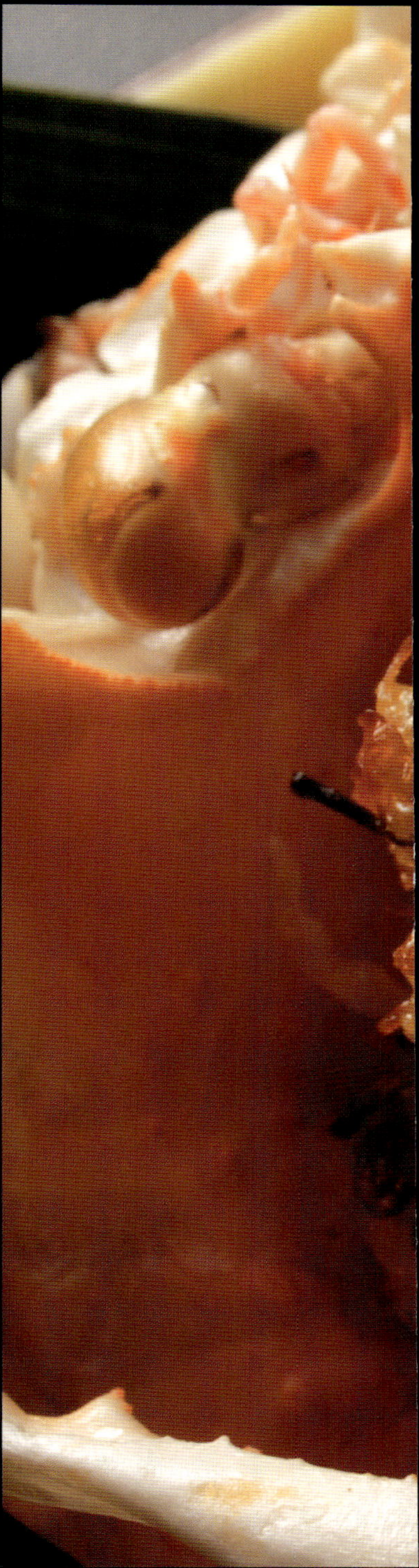

甲羅《こうら》蒸し

かにみそと、かにの足先などのむき身を用意します。甲羅を器にして、かにみそとむき身を盛り、そこに鰹《かつお》だしと卵、塩で作った茶碗蒸しの汁《じ》を注ぎ入れて蒸す。かくし味には、醤油少々。かにみそが味の決め手です。

かに入り養生焼き

葬儀や法事につける料理で、いわば折り箱に入れて持ち帰れる"お楽しみ"の一品として作っていたものです。まずは鰹《かつお》だしに卵、砂糖、塩、醤油を加えて甘みのある濃い液を作る。そこにそれぞれ下味を付けた人参や筍《たけのこ》、干し椎茸《しいたけ》と、かにの身、小さくさいの目に切ったプロセスチーズを"けんちん種"として入れます。昔はチーズは入っていませんでしたが、こくを出すために入れるようになりました。この種を"ほうらく（土鍋）"に注いで一時間ほどオーブンで焼くんですが、じっくりほうらくで焼くなんて、今はうちだけの仕事だと思いますよ（笑）。おかげで、トッピングしたかにの身も彩りよく焼き上がるんですけどね。

Kisu

鱚《きす》

五月から10月くらいまでが、一番、いい時期です。
身が透き通るようにきれいで、クセがなく淡泊な味わい。
私は、鱚が好きですねぇ（笑）。
味もいいけど、小魚を造ることが好きなんですかね。
鱚を刺身ネタにするのは、新潟だけじゃないろかね？
東京あたりだと、鱚は天ダネですからね。
今から三十年近く前のこと、つきぢ田村の田村平治先生が
新潟へ料理講習に来られて、
縁のある料理人の所を何か所か回ったら、
どこへ行っても同じ三枚おろしの鱚の造りが出てきた（笑）。
そのあとの講習で平治先生が、「小魚の皮をむくのは面倒だし、
皆同じやり方では面白くないから」と、
三枚おろしの皮を引かずに霜降り（湯引き）にして、
その身に浜納豆を一つ抱かせて端《つま》折《お》りにするやり方を
教えてくださいました。それが見たこともないような、
おしゃれな刺し身だったんですよね（笑）。
二百人も集まった大講習会で、
皆、感心して、見ほれていたことを覚えています。

鱚《きす》の刺身

七月になると大型船が休業になるので、地魚としては自然と鱚が中心になります。鱚は活きのいいのが信条ですから、目利きが大事。魚は何でもそうですが、痩せている魚は身がやわらかく、張りがなくてベタッとしている。ヒラメなんかは特にそうで、痩せているのはとにかくおいしくない。丸々太ってなきゃだめ、太っているのが味がいいんです。田村平治先生は買い付けに行くと、魚の肩の部分を触ってみて「張ってるな」と選んでいたもんです。私もそれにならって肩を触って魚をみます。朝、市場で選んだ鱚は、店に届いたらすぐに正身（三枚おろし）にして冷蔵庫でねかせる。それを夜、お出しすると、味がなじんでいてちょうどおいしくなるんです。

鱚《きす》の田楽揚げ

鱚の正身の一枚を観音開きにして、田楽味噌と大葉を抱かせて巻き込み、それを天衣で揚げます。田楽味噌は白味噌と卵、当たり胡麻《ごま》を、酒や砂糖、みりんで練り上げた甘味噌。大葉の代わりに海苔《のり》を使うときもありますが、香りよく仕上げるならやっぱり大葉ですね。鱚でなく、鯵《あじ》でもおいしくできます。

鱚《きす》子《こ》の粕漬け

忘れもしない、五年ほど前のこと。服部幸應先生（服部栄養専門学校校長・料理研究家）がおいでになったとき、これをお出ししたんです。すると服部先生が「こんなにおいしいものはない」と、喜んで食べてくださいましてね。作り方を知りたいとおっしゃるので、お部屋まで説明しに上がったことがありましたよ（笑）。材料は一番の盛りの、真夏の鱚の子。刺し身におろす際、大きくなった卵を一つずつ取り分けておき塩で締め、一週間ねかせます。そのあと酒でのばした酒粕に漬けて、さらに一週間。ねかせることで、琥珀色に染まっていくんです。

茶菓子

Chagashi

料理屋の茶菓子といえば、昔は羊羹《ようかん》でした。
新潟市の白山浦に片桐あんこ屋という大きな店があってね、
結婚式や折り箱の注文がある二〜三日前になると、
必ずあんこを買いに行かされたもんです。
買い物の後は、あんこの〝練り〟。出来上がりが一升だと、
あんこが五合に寒天四本、砂糖一キロ。
それに水を足して、
全部で一升五合の材料を大鍋に入れて火にかける。
根気よくあんこを練りながら、
二時間かけて一升にまで煮詰めるんです。
出来上がった羊羹は型に抜いたり、切り方を変えてみたり。
昔は折り箱となれば、必ずきんとんと羊羹が入っていましたから、
飽きさせない工夫だったんでしょう。
現在、大橋屋に残っているものは、
今回紹介する寒天で寄せた五種類だけになってしまいました。

梅羹《かん》

梅肉を入れた寒天寄せ。うちではかき和えなますの前盛りに使っていますので、年がら年中、切らしたことのないひと品です。梅の花の形に抜いて、添える時も。

桜羹

三月から四月いっぱいまでの、春先にお出しするお菓子。白い部分は「淡雪」で、泡立てた卵白を寒天で寄せる。その上に桜の塩漬けを散らし、寒天と砂糖、水あめを合わせた〝飴抜き〟を、熱いうちに流し込みます。土台は粒あんを寒天で寄せたもの。

無花果《いちじく》羹

いちじくの甘煮をごく軽くミキサーにかけ、砂糖入りの寒天で寄せたもの。赤い彩りもきれいだし、いちじくの果肉の粒が口中で弾けて、食感もいい。秋には必ず作る一品です。

宇治橋羹

青海苔《のり》の入った「淡雪」を山形に切り、※玉《ぎょく》と合わせて四角に作ります。海苔の香りがう〜んとしますからね、夏の茶菓子として喜ばれています。

※玉…寒天に砂糖と飴を合わせた、琥珀色の寒天汁《かんてんじ》。

豆腐羹

別名、岩石豆腐。県北・村上あたりの郷土料理ですね。正月料理や騒ぎごとにつく一品で、冬のご馳走です。綿豆腐を茹《ゆ》でてぼろぼろにし、それを柚子《ゆず》の千切りを入れた醤油味の寒天で寄せ固める。ふつうは甘めの味付けですが、うちのは砂糖控えめで、あっさりした醤油味。ひと味変わったお菓子です。

胡桃《くるみ》岩《がん》力《りき》

大橋屋では以前、法事のお土産として作っていました。今は一口大に切って、前菜に付けたりします。これはとにかく、名前のごとくかたい(笑)。砂糖と赤ざらめ、水あめ、濃口醤油を煮詰めた液でクルミを固めるんですが、この、液の煮詰め方が難しい。煮過ぎれば液がかたくなりすぎて固まらないし、早ければ周りがベタついてパリパリ感がなくなる。失敗したときは、海苔《のり》で巻いてベタつきをカバーしてね。私も以前は、いっぱい失敗しましたよ(笑)。何べんも作ってみないと、なかなかタイミングというのは覚えられないもんですわ。かたい料理ですが、薄く切ってせんべい感覚で召し上がっていただくときもあります。

ずいき羹《かん》の黄身酢がけ

昔から、小皿の一品としてお出ししている料理です。赤ずいきは皮をむいて、サッと水洗い。このときアクを逃がさないのが大事で、茹《ゆ》で上げたものを熱いまま甘酢に入れると、さらに鮮やかな赤みが出てきます。アクがあるから真っ赤になるんですわね。この、赤く染まった甘酢の味を調えてずいきを入れ、寒天で寄せたのが「ずいき羹」。甘酸っぱい黄身酢の力で食べます。秋の訪れを告げるひと品。

おせち料理

Osechi ryouri

大橋屋のお重は、まさに"じゅうじゅう詰め"(笑)。お重一つが約二キロ、三重なら合わせて六キロはあるわね。三重おせちには全部で三十三品入っていますが、既製品は塩イクラ一品だけ。この水気のないイクラというのが、料理人の手ではなかなか難しくてできないんです。これだけは他から仕入れた、ロシア製のものを使っています。あとは全部、うちで手作り。黒豆や数の子、田作りといったおせちの定番のほかに、大橋屋らしいなますや小倉煮などを盛り込みます。

仕込みは十二月二十五日から三十日までの六日間。保存のきく栗きんとんや黒豆、氷頭《ひず》なますなどから順を追って作っていきます。三十日の午後から、今度は盛り込み。うちではお節《せち》の二重と三重のセットに年夜《としや》のお弁当、また年越し・新年用のオードブルもお受けしていますのでね、それ用の洋風料理も用意する。とにかく三十日の朝から三十一日の夕方まで寝ないでやるんだもの、料理を作っているというよりも肉体労働だわね(笑)。年夜のお弁当には刺し身の盛り込みがあるので、取りに来られたお客様の分から刺し身を切って盛りつけ、お渡しします。昔はお客様がお重を持参して、それにおせち料理を盛りつけていました。塗りや蒔絵が立派な、大きなお重が調理場にいくつも並んで、入れる料理に困って往生したこともありましたよ(笑)。

仕事が全部片づくのは三十一日の夕方五時頃でしょうかね。やっとうちに帰って、年夜の晩。私は家では一切、台所に立ちません。うちのご馳走ですか? 人が作るものは、どういうもんでもうまいわね(笑)。

おせち三重

〈一の重〉
梅形玉子／挽き肉の松風焼／栗きんとん／伊勢海老／数の子／二身カラスミ／イクラ／黒豆／南蛮海老のカステラ

〈二の重〉
鮑《あわび》の塩蒸し／鮭の燻製砧《きぬた》巻／帆立貝の青海苔《のり》焼／ハタハタの幽庵焼《ゆうあんやき》／田作り／ノドグロ味噌漬け／合鴨けんちん煮／イカの雲丹《うに》焼／くじゃく玉子／鈴クワイ／谷中生姜《しょうが》

〈三の重〉
かき和えなます／梅羹《かん》／じゃが芋でんぶ／かに／梅蕪《かぶ》／氷頭《ひず》なます／小倉煮／巻き海老／粟麩《ふ》の揚げ煮／筍《たけのこ》のうま煮／椎茸《しいたけ》のうま煮／人参のうま煮／菜花の辛子和え

梅形玉子

これは菅原愛次郎さんが発案した料理でね、お祝いには欠かせない品です。今回のおせちには梅形をしましたけど、松の型もあるんです。型はステンレス製で長さは二十五センチくらい。愛次郎さんは型を作るところから、ブリキ屋の職人と熱心に相談してやっていました。

料理の作り方は錦玉子と同じで、茹《ゆ》で卵を黄身と白身にわけて裏ごしし、それぞれ砂糖と塩少々で甘く味付けします。白身の方には梅形なら赤、松形なら緑に色を付けておきます。芯になる黄身を先に型に入れ、蒸します。次に色付けしたほうをガーゼに広げておき、それに蒸し上がった黄身を包むようにしてさらに大きな型へ入れる。これをまた蒸して完成です。

南蛮海老のカステラ

南蛮海老のすり身を卵の素でのばして、さらに溶き卵を加えてカステラに焼きます。いわゆる〝伊達巻き〟感覚の一品ですわね。和食にはクワイのカステラや魚身カステラなどいろいろあるけど、これが一番おいしいと思いますよ。

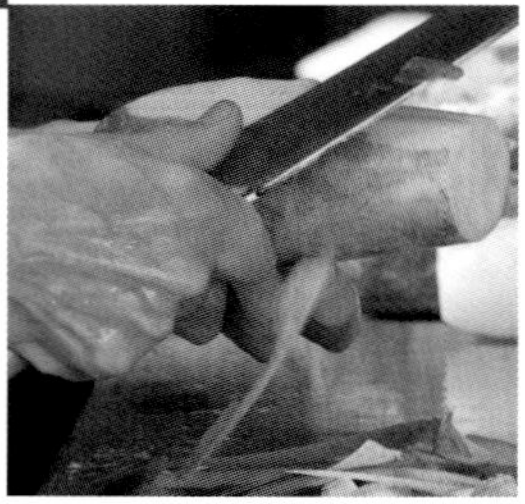

第四章

いつまでも、料理の世界に挑み、遊ぶ。

若くして託された、大橋屋の板場。以来、四十二年にわたり歩いてきた道、これから進む道。

昭和三十九年、本間忠治は東京から大橋屋本館に戻った。当時、板場には年配の料理人がいたが、体調不良を理由に一年後には辞めてしまう。その時から、本間忠治、四十二年の板長人生が始まった。二十六歳だった。

昭和四十年代に入り、大橋屋はある大きな波に乗る。戦後のベビーブームに生まれた子どもたちが、結婚適齢期を迎えたのである。新潟市では互助会の一つが、さながら城閣のような専用結婚式場を建てて豪奢な結婚式を提供し、日本全国に先がけて結婚式ブームを巻き起こしていた。それにならい市内の神社が式場を建て、大橋屋がその指定業者になったこと、また大橋屋でも本館三階に神前結婚式を挙げられる式場を設けていたことで、板場は大いに活気づいた。

あの頃は大橋屋で結婚式が二つ、神社の式場で二つ、なんていう日もあり、それはそれは忙しかった。料理を作っては車で運んでね、それの繰り返しでです。私自身、婚礼料理は教えてもらったことはなかったけど、あれこれ知識をひっぱり出してやっていました。まぁ、毎日やりながら勉強でしたわね。大橋屋は戦前に精進料理と宴会料理で名を上げたけど、この時の結婚式ブームでは、大橋屋の祝い料理が確立されたといってもいいでしょうね。

しばらくの間、板場に職人は私一人だけ。見習いは四人いましたが、私が采配をとって見習いに仕事をさせるのは大変なことでした。でも私も若かったから、怖いもの知らずでね。店を背負っていく責任は感じていたけど、プレッシャーはなかった。当時、鍋茶屋におられた大橋屋OBの菅原愛次郎さんが、本館の裏に住んでいたのも心強かった。自分でどうにもならないときには愛次郎さんの家へ駆け込んでいって、「代々おいでになっている大旦那様が大きな法事をするので、献立はどうしよう」と尋ねてね。そんなとき、愛次郎さんは快く教えてくれたし、一度は「どんなふうにできた」と、お客様のところまでついていってくれたこともあります。とにかく愛次郎さんは、大橋屋にとっても私にとっても頼りになる相談相手。愛次郎さんが昼で上がってきた頃を見計らっては、自宅へお茶飲みにおじゃましたもんです。

戦中、戦後の混乱に巻き込まれ、経営が逼迫《ひっぱく》した時期を乗り越えながら、大橋屋は昭和四十年代以後、精進料理、婚礼料理、宴会料理を三本柱に据えて、着々とその存在を確かなものにしていく。

先代・大橋慎作亡きあと、平成八年に、経営は六代目の大橋正明に引き継がれた。正明も板前として、鍋茶屋で菅原愛次郎氏に、つきぢ田村では二代目・田村暉昭氏に師事しており、本間忠治と同じ目線で日本料理を見つめる〝同志〟となった。「大橋屋が食膳に提供するのは、新潟の郷土料理を取り入れた会席料理。昔ながらの料理を味そのままに、どなたにも、たっぷりと味わっていただきたい」――二人のその思いが、今日も大橋屋の評価を高めている。

同じ、料理にたずさわる方々から、「大橋屋の料理は安心して食べられるね」と、褒めていただきます。でも褒めていただくのはありがたいし嬉しいけれど、「褒められてもおごるな」というのも田村先生の教えでね、天狗になってはならない。褒められれば褒められるほど、「もっと一生懸命にやらなきゃ」と思いますね。この間もつきぢ田村会出身の方がお客様で来られて、「本間さん、やるねぇ」と声をかけてくれた。「私もいい年だからね」と答えました（笑）。

宴会料理というのは時代のはやりを追っているから、その時は粋な料理に見えても時間がたつと野暮ったくなる。その点、ちゃんとした形のある精進料理や婚礼料理は、時代を超えて受け入れられる力があります。それがわかるから、目先の変わったはやり料理だけにはあまり走りたくないなと、そういう気持ちでやってきた。でも精進料理や婚礼料理だからといって、同じことばかりしていてもだめなことは確か。ほんの少し、時代の薫りも添えてやる。それが〝私のやり方〟になるのかね。

十五年ほど前にもなりますか、皇太子様とご結婚が決まった小和田雅子様（現、皇太子妃雅子様）が新潟に来られたとき、お料理のご注文をいただきました。なに、私は緊張することなく、ただ間違いのない料理を作っていればいいと、普通通りに仕事をしていた。ところが当日の朝、大橋屋から料理が出ると聞きつけたマスコミが、どんどん断わりなしに上がってきて、調理場まで押し寄せてきた。勝手にカメラを回して撮影するんです。何だこの事態は、と思い店から出て、雅子様が通られるという道路のほうを見たら、沿道がマスコミや一般の人々でずーっと人垣になっている。いやぁ、これは大変な方のお料理を作ったんだなと、衝撃を受けましてね。こういう仕事をさせていただけるのも、つくづく店のおかげ、評価してくださるお客様のおかげだと思いますね。

「日本料理は足し算、引き算」だと、料理を学ぶ若い人たちにはよく言います。あまり手を加えずに、足りないものは少し足してやる。さつま芋はそのままでも甘いが、ほんの少し砂糖を加えて煮てやることで、満点になる。またゴボウは刻むとアクがたくさん出る。その余計なアクを取ってやることでおいしくなる。山菜の苦味もしかりでね。素材に合わせて足す、引くをやれば、あんまりひねくり回さなくてもおいしい料理になる。

料理は簡単じゃないですよ。真剣にやっていても失敗して裏切られることはある。一回作るより二回作るほうが上達するけど、毎日やっているからこそ失敗することもある。緊張感なしに毎日同じことをやっているから、甘い気持ちになるんだね。だから若い衆に、「慣れは最大の間違いのもとだよ」と言うんだわ。とはいえ、年齢を重ねることでうまくなるのも料理。でも百回作った、千回作ったからこれでいいというゴールもないような気がするしね。きりがない仕事だわね。

現在、本間忠治は大橋屋ＯＢの交流と情報交換を目的とした「慎和会」（会員五十五名）の代表であり、菅原愛次郎氏の愛弟子・孫弟子で構成される「梅親会」（会員三十名）の会長、また県内在住の日本料理の職人が集まる「社団法人　日本全職業調理士協会支部　新潟白友会」（会員約百八十名）の会長をも務めている。「年長者の私が会長にさせられているだけ」と本間忠治は言うが、毎月参集して情報交換を行ったり、度々開かれる懇親会への出席、さらには料理の講習会の企画・開催も行わねばならない。仕事以外の用も数々背負うことになるが、「それ以上の楽しみがあるからね」と一笑する。

会を通して、立派な料理人の先生方とも近しくお付き合いできるでしょ。立場は違っても料理人同士、いろいろな料理の話で盛り上がるし、料理についての新しい情報を聞かせてもらえる。これは個人の力ではとてもできないこと。それが私にとっての一番の利益ですわね。

新潟白友会は壽原《すはら》勝吾さんという料理人の掛け声で発足した会で、名前の通り、白衣を着ている職人同士が友達になり活動しようというもの。いい会だと思いますね。新潟市に本部があるほか、県内に西蒲支部と佐渡支部の二つがあって、会員は約百八十人。今年二十周年を迎えます。会員の大半が若い人で、一年に一度、料理の講習会を開いて東京から講師を呼んだり、会員が料理の発表を行ったりして、料理人のレベルアップを図る。会員の紹介があればすぐにも入会できるし、総会や新年会には、会員の弟子であれば参加もできます。うちの若い衆もよく連れていくけど、やっぱり同じ志の皆さんと親しくお話しできて楽しそうですよ。

いろんな会に関わらせてもらって、外に視線が向くと、いい意味で刺激を受けます。人と出会い、新たな料理と出会うことで、「私もうっかりしてはいられない」と発奮する。すると自分の料理の幅も広がりますしね。そんな気持ちがなくなったら、料理人としては終わりだと思いますよ。そうなったら、いよいよ定年だね（笑）。

昭和三十一年の三月二十七日に大橋屋に入店して以来、この道で五十一年。私は人に恵まれたと思いますね。料理を教えてくれた人、経営者、そのご家族もね、本当にいい人ばかり。私は今、六十六歳で、誰でも健康であれば月日は過ぎるけど、同じ店に四十九年もいる料理人はそうそういないね（笑）。店に頼られ、またそれに応えて、結局、そういうやり取りが今の評価につながっているんでしょう。

私は車の事故や大病もしましたけど、病院にいても料理のことは頭から離れなかった。ベッドで横になっていても、読むのはどれも料理本（笑）。何か料理のヒントを得ようというんじゃなくて、純粋に料理の世界にひたるのが心地いいんだわ。私はこの世界以外に知らないし、他に趣味もない。やめることはできないわね、体が続く限りね。

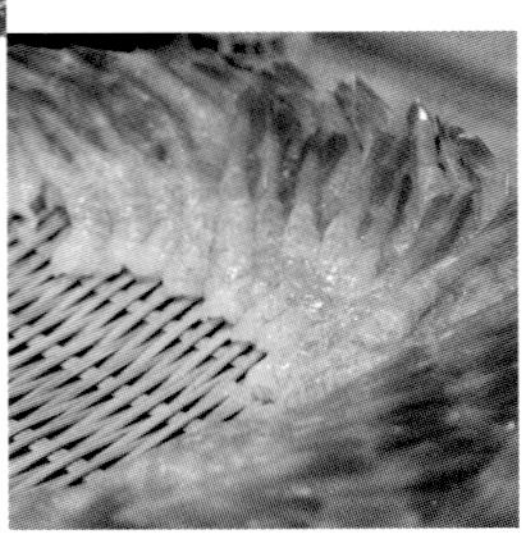

第五章

料理を介して、縁を連ねた同志たち。
数々の古い思い出から、不自由な時代が育んだ
絆や生きる情熱が、ありありと蘇ってくる。

同志たち
本間忠治への書簡から

後輩の見習生

小林 洋太 から

（祝《いわい》 主人［新発田市］）

私が大橋屋に修業に入ったのは、昭和三十三年の春でした。その時は、まだ店は古町通五番町にありました。店は割烹、食堂、仕出しと、本当に忙しく、朝早くから夜遅くまで働いて休みは月一回ぐらい。今の時代には考えられないことでした。

その頃はまだ古町に自転車やリヤカーが往来していて、もちろん出前や仕出しも自転車、リヤカーで出かけ、雨の日や雪の日など大変苦労した覚えがあります。特に結婚式の仕出しは護国神社、白山神社、神宮様とかけ持ちで、その配達も自転車とリヤカーで行っていました。先輩の本間忠治さん、江端敏明さん、そして私の三人で大変だったことが、今では懐かしく思われます。その半面、先代の大橋屋社長（その頃は兄さん、おかみさんを姉さんと呼んだと思います）は店が休みの日には映画の招待券をくれたり、白山さまの半年参りには本間さん、江端さんと三人揃いで浴衣と下駄を買ってくれ、神社にお参りに行ったことなど、いろいろ楽しい思い出もいっぱいあります。仕事はかなりつらいものでしたが、先代社長の厳しい躾《しつけ》があったおかげで、今の自分に大きなプラスになっていることは間違いありません。

ほかに、江端さんと二人で、帳場で二時間ぐらい正座してお説教されたことなど、ちょくちょくありました。また古町にいた時、本間さんのアイデアで、七夕※祭りの飾りに生きたままの鰻を竹竿の先にぶらさげれば元気よく動くだろうとやってみたら、死んだようにだらりとぶら下がっているだけで、隣のY家具店の社長に叱られたこともありました。昭和三十四年、大橋屋が古町から本町に引っ越すときには、調理道具（ガスレンジ等）を載せたリヤカーを本間さんが前で引き、江端さんと私が後ろから押して運びました。春というのに暑い日で、古町通五番町から東堀を通り本町通十一番町まで、重い荷物を何往復も、汗だくになって運んだつらい思い出もあります（その当時、鍋茶屋さんの裏通りは、まだ堀でした）。

また大橋屋の現社長、正明さんが誕生した日（同三十六年一月）は寒い晩で、江端さんと私とで炭火をバケツに入れ、産院まで持っていく途中で警察に捕まり、注意されたこともありました。

修業時代の思い出には良いもの、嫌なものもたくさんあります。それでも私は本町の店で、本間さん、江端さん、そして私の三人が初めての見習生となったことを、一生の誇りと思っています。

※昭和三十年代、古町通五、六番町では、各店ごとに大がかりな七夕飾りを施した。

◎本間忠治からの返信――

小林くんは新潟大火から三年後の見習いさんでしたね。まだ古町の店から大和デパート、小林百貨店（現・三越デパート）まで見える頃でした。

古町の店と本町の本館で働いた人は私と江端くん、そして小林くんの三人でした。思い出は山ほどありますが、古町の店で最初に嬉しかったことは、出前のときの雨具を買ってもらったことでした。三人で「雨降れ、雨降れ」とはしゃいだのが思い出されます。私たち三人は毎日毎日、出前持ちと掃除、集金と、料理にはあまり縁のない仕事ばっかりでしたね。小林くんは体格も良かったので、一週間に一足の早さでサンダルをぺしゃんこにして履き替えていました。笑い話にならないことでした。

一生忘れることができないのはやはり、三十五年の春、古町の店から本町本館へと引っ越ししたときのことです。今なら専門の業者を雇うのでしょうが、あの時は毎日毎日、リヤカーに調理器具や什器《じゅうき》、調度品に建具、家財道具までを載せ、三人で運びました。最後の一番大きなオーブンを運ぶ時、堀に落としそうになったり車にぶつかりそうになったりして、やっと無事に運び終えたのですが、旦那さんからはひと言も褒め言葉がなかった気がします。旦那さんも、これからのことで頭がいっぱいだったのでしょう。

一か月に一回の、休みの前の夜は、店が終わると大掃除、朝は前日の出前下げに走り、十時ごろにやっと〝休み〟になりました。映画を見てラーメンを食えば、一日終わり。でも今の人には味わうことのできない、楽しい一日の休みでした。また土用の丑《うし》の日には、うなぎの注文取りに三人で回りましたね。小林くんは毎年、一番多く注文を取ってきました。今風に言えば、トップセールスマンでしょう。

若い、若いと思っていた三人も、慎和会では上座に座る年齢になりましたが、これからも互いに健康に気をつけて、料理人人生を楽しみましょう。

教え子

中林　浩三　から

（株式会社新潟グランドホテル　総料理長［新潟市］）

本間さんとの出会いは、私が大橋屋さんへ入ったとき。四年半ほど見習いとして修業させていただきました。以来、師匠と弟子という間柄で、かれこれ四十数年になります。

当時の大橋屋さんは宴会、仕出し、そして婚礼と、大変忙しかったと記憶しております。そんな中でも、本間さんは料理長として調理場をまとめるとともに、仕事に妥協を許さず、われわれ見習いにも大変厳しく指導してくださいました。それでも仕事を離れると自宅に招いて泊めてくださったり、朝の魚市場へ同行させ、勉強させてもくれました。そんな日は朝食をご馳走になったのですが、ある日、その朝食に豚カツが出て、驚いたことがありました。見習いに対して見栄を張っているのかと思いましたが、後日、その話が出たとき、「本当に豚カツが好き」ということがわかりました。今では昔話に花の咲く、楽しい会話をさせていただいております。

歳月のたつのは早いものです。しかし、師匠と弟子という関係は一生変わらないものです。仕事場が別々になった現在でも、料理に対する意見を交えることを、この先も盛んにお願いしたいと思っております。

大橋屋さんには「慎和会」という会があります。大橋屋さんの出身者と出入りの業者さん等で友好を深める会で、大変、楽しみのある会です。そして新潟県に梅親会（料理人の会で協賛会員、賛助会員様の参加で、料理講習などの月例会・年行事などを行っております）と社団法人日本全職業調理士協会支部新潟白友会があります。本間さんはこれらすべての会の会長でもあります。

このように大きな大橋屋さんのますますの発展と、本間さんのさらなるご活躍と健康を祈念するとともに、いつの日かご恩返しのつもりで、師匠を超えられる日がきますように願っております。

◎本間忠治からの返信――

大橋屋の先々代の下で修業された村松町・横山旅館ご主人の世話で、見習いとして入店したのが中林くんでした。やる気満々の見習いであり、時間に几帳面で、仕事の面では自分から進んでやらせてくださいという、前向きな姿勢が好きでした。

昭和三十年代は、新潟市護国神社のときわ会館で結婚式が一日、三、四組もあり、そのための仕出しの仕込みが終わるのが夜中の二時、三時ということもありました。そんなときでも、朝早く魚市場へ行くのに、私の家まで迎えに来てくれました。おはようございます、という中林くんの朝のあいさつは、気持ちが良かったですね。今の若い衆に、聞かせてやりたいです。

見習いは寮住まいでしたが、いくら忙しい日が続いてもやはり外の空気が恋しくて、旦那さん（大橋屋先代主人）の休まれた頃合いを見計らい、外に出るのが若き日の何よりの楽しみでしたね。

またその頃の仕事で忘れられないのは、ガス井戸の穴掃除です。大橋屋では当時、天然ガスの井戸を掘削して料理の煮炊きに使っていました。井戸からガスを引く、深さ三十メートルもあるパイプが、ガスと一緒に湧出する泥水で汚れるとガスの出が悪くなります。そのため一か月に一回、見習いをはじめ若い衆でパイプの掃除をしましたね。店の二階から、先端に金ブラシのついたビニール管を垂らして井戸の口に入れ、力を込めてゴリゴリと、固まってパイプにこびりついた泥を落とすという仕事です。若い衆四、五人が二階と一階にわかれ、やはり三十メートル以上もあるビニール管と格闘し、なかなか落ちない泥の塊を交代交代しながら、我慢強く落としていきました。時には一日がかりになることもあり、最後、パイプがきれいに開通して、ガスと一緒に泥水が二階までブワーッと豪快に噴き上がると、皆で「やった、終わった」と歓声を上げたものでした。しかし掃除は終わっても、手のひらに豆ができて包丁も持てない時があり、料理の仕事よりつらかったと思います。でも中林くんは、同期の斎藤くんと先頭に立ち、一生懸命掃除をしている姿が立派に見えたものです。今は親方を超えたお弟子さんになりましたが、私のことを今も「親方、親方」と呼んでくれ、料理の話に花を咲かせて楽しんでいます。

新潟グランドホテルの和食部門をあれほどに

グレードアップさせたのは、中林くんの力と言っても過言ではないと思います。今は慎和会をはじめいろいろな調理師会の要職につき、活動しています。これからも立派なお弟子さんを育て、業界のためにも頑張ってください。

•••

大橋屋主人（あるじ）

大橋　正明 から

（日本料理大橋屋　社長［新潟市］）

弊店は、新潟の歴史と風情を残す下町《しもまち》「本町通十一番町」において、初祖太吉が慶応三年に鮮魚仲買商を営んだことに始まり、四代目である祖父慎太郎が大正九年に料理業を創業しました。

昭和五十九年に私は、東京・つきぢ田村様から新潟に戻り、家業である大橋屋の調理場の仕事に就きました。本間さんはそれよりずっと前、私が物心つく頃から大橋屋の調理場の親方として、亡き父慎作の片腕として、店をきり盛りしておられました。まさに弊店にとって、大黒柱のような存在です。また調理場の若い衆は四年間、料理見習いとして預かっており、卒業後は実家の料理屋に戻ったり、次のお店で更なる修業をする人などさまざまです。現在、大橋屋の出身者からなる「慎和会」は、現役も含めて会員六十名ほどの会となり、県内外で皆活躍しています。そのほとんどを本間さんが、少しでも一人前になって大橋屋から卒業してもらえるよう、厳しく指導したわけです。

本間さんは自宅から三十分以上の距離を歩くか、または自転車で早朝の魚市場に仕入れに行き、夜遅くまでの仕込みも人任せにせず、自分が実践してみせて指導しています。普通の親方でしたら朝はゆっくり来て、夜もだいたいめどがついたら帰るのでしょうが、本間さんはその逆です。年末のおせち料理のときも、若い衆と同じように一睡もせず、なおも若い衆にハッパをかけてエネルギッシュに仕事をこなします。以前テレビで「料理の鉄人」という番組がありましたが、本間さんこそ心・技・体の揃った正真正銘の「料理の鉄人」ではないでしょうか。

それを証明するエピソードに、こんなことがありました。十五年ほど前、本間さんは朝の仕入れの帰りに車にはねられ重傷を負い、二か月ほど入院生活を余儀なくされました。そして自宅療養のため退院したのですが、なんとその翌日から松葉杖で店に来て、いつもの白衣に着替えて刺し身を切り始めました。このときばかりは私も驚き心配しましたが、何も言うことができませんでした。仕事に対する「気魄《きはく》」「情熱」や「厳しさ」を、身をもって皆に示したのだと思います。

以前、料理組合の集まりで、誰かが本間さんに「何でそんなにがんばれるのか？」と聞いていましたが、本間さんは「そんなの店のために決まってるろ」と、あっさり一笑しておられました。自分を捨て、大橋屋のために日々仕事をしているのだと深く感銘するとともに、心から感謝しています。

◎本間忠治からの返信――

私が中学校を卒業し、古町通五番町の大橋屋に見習いとしてお世話になったのが、新潟大火の翌年、昭和三十一年三月。先代の旦那さん（兄さん）は三十五歳でした。自転車リヤカーの出前持ちから始まり、おっかさん、兄さん、そして今の社長・正明さんの三代にわたり勤めることができ、本当に幸せに思っています。

大雪の小正月の日に正明さんが生まれ、病院がわからず、炭火を持ってあわてたこともありました。また正明さんの幼稚園の送り迎えや、正明さんが鍋茶屋さんにお世話になるときに包丁の用意をしたことなどが、この間のことのように思い出されます。

正明さんはその性格からか、段取りが上手で、間違いのない仕事ぶりですね。鍋茶屋さんに四年、つきぢ田村さんで一年勉強しましたが、鍋茶屋で正明さんに教えてくれていた菅原愛次郎さんが「おい、正明くんはもう、魚おろしまでできるようになったぞ」などと、折々に出来のいい教え子ぶりを知らせてくれました。

正明さんの連れ合いである慶子《よしこ》さんは、お客様を大切にする女将さんで、若いのによくできているなと感心させられます。やっぱり料理屋の「顔」は女将。旦那は二、三日留守にしてもお客様にはわかりませんが、女将が一日でもいないと接客に響きます。女将に心地よく甘えたい、というのがお客様の気持ちなのでしょうね。つきぢ田村でも、お帰りのお客様には必ず女将さんと旦那が玄関まで出て“門《かど》送り”をしますが、お客様はとても喜びます。繁盛の秘訣とは、ああいうことをいうのかもしれません。

正明さん夫婦は、県内外の評判のいい店によく行き、食べ歩きもしていますね。勉強熱心な社長、女将の新感覚で、皆様に喜ばれる大橋屋にしてください。これからも恩返しの気持ちで、少しでもおいしい料理ができればと思う毎日です。

・・

教え子

周佐 洋一から

（割烹松の家 専務［五泉市村松］）

私が大橋屋さんにお世話になったのは、昭和五十三年四月からです。

「今日から洋一と呼ぶから」

「はい」

大きな声で返事をしたつもりでしたが、緊張していて本当に言えたかどうか。それが調理場での、本間さんとの初めての出会いでした。

さっそく、大きなまな板の上に、山のように積まれた南蛮海老に向かいました。一人で始めてしばらくすると、先輩方、調理場のおなごしょ（女衆）の方々が、スッと脇から入ってくれました。「手早くするんだよ」と声をかけてもらい、南蛮の赤い色が目に染みてくるようでした。

終わると、昼ごはんでした。

「お前、体おっきいから、いっぺ食べれよ」

笑顔で声をかけてもらい、気持ちが軽く、楽になりました。

本間さんを中心に、副料理長の泉さんや皆で囲む毎日のごはんが、一番の楽しみでした。

初めて胡麻《ごま》豆腐をさせてもらったときは、本当に疲れました。でも練り上げたときはうれしかったです。何もわからない私は、毎日、本間さんが書かれる献立を、仕事の合間に急いで紙に写したものでした。

お茶会の一千個あまりの点心の仕事では、朝（といっても、まだ夜中ですが）、本間さんが一番に来ておられ、ピシッと気合が入りました。本間さんを先頭に、大橋屋さんの全員で盛り付けをしたことが忘れられません。

「お前はこれ」「あんたはそれ」「気をつけてな」「よし運ぶよ」……。

声をかけ合って、どれくらい時間がたったでしょう。無事、配達も終わり、一段落したとき、

「ごくろうさん」

やさしい笑顔の本間さんでした。

また、失敗したこともたくさんありました。

昼休み、寮の部屋で夕方まで寝過ごして、遅れてしまったことがありました。

「すみませんでした」

「ん！」

お目玉をもらうより、気恥ずかしかったです。

本間さん、大橋屋の皆さんと過ごした、あっという間の四年間でした。皆が気持ちを通じ合わせることの大切さ、そして、人に対する思いやりの心を教えていただいたような気がします。二十数年過ぎて、山あいの田舎でふと思い出してみると、いつも心の中にあって、何かほのぼのとした気持ちになるのは、私だけではないと思います。

どんな仕事にも心を込めて打ちこむ本間さんをお手本として、これからも一生懸命にがんばりたいと思います。大橋屋さん、本間さん、お世話になり本当にありがとうございました。これからもますますお元気で、ご指導お願いいたします。

◎本間忠治からの返信――

気は優しくて力持ち――。

この言葉は金太郎さんのような、周佐くんのためにあるような気がします。

大橋屋で初めて大学卒業生を見習いとして採用したのが、周佐くんでした。本館・黄金の間で付き添いのお父さんと並んで正座し、旦那さん（大橋屋先代主人）の話を長々と、玉の汗を流しながら聞き入っていたのが、ついこの間のように思われます。高校卒の先輩方とうまくやっていけるか心配したこともありましたが、何一つ落ち度のない見習生でした。

仕事に入るときはいつも、「はよやろーぜ、はよやろーぜ」と、皆で気持ちよく、和を大切にと心がけていました。仕事が完成したときの嬉しそうなあの顔が、今でも思い出されます。

見習いの四年間のうち、私は一度も周佐くんには血圧が上がることがなかったように思います。正明さん（現大橋屋主人）の結婚式のとき、あの

大きな披露宴の席での「昴《すばる》」熱唱——皆、拍手も忘れて感動しました。あれが周佐くんの本当の心だと思いました。

今、市内を回る路線バスに、きみがいる村松・さくらんど温泉の宣伝を見ます。松の家、さくらんど温泉と、新潟まで良い評判が聞こえてきます。これからますます、発展されることを願っています。

…

恩師

田村 暉昭 から

（つきぢ田村　二代目［東京都］）

つきぢ田村と新潟のご縁は、初代、田村平治と新潟・鍋茶屋の副料理長、菅原愛次郎さんとが親しい間柄で、田村へ修業に来られる人、修業を終えて新潟に帰るときなど、皆、菅原さんに相談されておられたようです。つきぢ田村には、全国からつてを頼って修業に来られますが、新潟の方が一番多く、今では菅原さんの息子・修司さんを中心に新潟田村会ができて、頑張ってくれております。つきぢ田村出身者で構成する「全国田村会」も現在の登録者数は百二十名を数えます。戦後六十年、つきぢ田村を支えてくれた人たちを入れれば、百五十〜百六十名にもなるでしょうか。年に一度、九月になると東京をはじめ卒業生の所で全国大会が開かれます。平成十八年の九月には、大橋屋の新館で全国大会をさせていただき、五十名ほどが集まりました。

本間くんのことといわれるとまず、真面目、この一言に尽きると思います。

私の記憶に残っていることは、基本を守り妥協を許すことなく、一つのものに対し全力を尽くす姿です。大橋屋さんからみえた後輩たちから聞くと、今でも変わらないようです。酒を飲むと飲まれることなく人の会話をうんうんと言ってよく聞いてくれましたし、人の面倒もよく見てくれます。先代のご主人を支え、大橋屋を大きくされた人だと思います。

先代の頃から大橋屋には何度も伺いましたが、平成十四年、新築のお祝いにお招きいただいた折には立派な建物に驚愕しました。大橋屋の当主・正明くんも田村を卒業されており、まだ若い若いと思っておりましたのに、これからの大橋屋を支えるため、時代の流れを緻密に考えられたのだと感心いたしました。また正明さんのおかみさん・慶子さんのお客様への対応には、いつも頭が下がる思いです。新館披露宴の席では土地の名士がおられる中、私ども夫婦を正客に据えていただき、感銘しました。

そのとき、新しい調理場を見せてほしいと願い出て案内していただいたのですが、調理台に吸い物のお椀が並べてあり、びっくりして正明くんを呼んでもらいました。田村では、お椀は温めて出すのが基本じゃないのか、一度片付けて、お客様にお出しするとき、温めるよう申しました。初代、田村平治のポリシーでした。今日から忘れないようにと、客席に戻りました。当日、温かい椀の汁を見て、近くにおられた本間くんにグーのサインをしたことを今でも覚えております。

先の新潟での全国大会では、本町茶寮のお椀も熱く、いただいている途中でしたがマイクをお借りし、田村会の皆さんに「新築披露の折、お椀を温めるようお願いしました。本日もこの温かいお椀でいただきました。私の申した通り守っていただいたことに感謝し、これも大橋屋が繁栄する一因と思います」とご披露しました。

お客様にはわからない方もおられると思いますが、初代の父は「熱いものは熱く、冷たいものは冷たく」「物を大事に、お客様には満足していただき、玄関からお帰りになることが大事」と弟子に教え、皆さん育っていきました。

大橋屋さんでも正明さんと本間さん、副料理長の泉さんとで、大橋屋の味を守っておられることと思いますが、日本国中一億総グルメの時代、日本中で世界の料理が食べられている時代に、土地の名物をはじめ新しい食材なども取り入れていただき、ますます発展され、本間くんもよきアドバイザーとしてご活躍されますよう、心から願っております。

◎本間忠治からの返信——

私は昭和三十六年の春、先代の旦那と菅原愛次郎さんの「ホラ、東京へ行くぞ」の掛け声で、急行佐渡に乗り、つきぢ田村さんへ向かいました。

旦那と菅原さんが廊下に正座をして、田村平治先生のお話を聞いていました。そのとき私は、エライ所に来たものだと思い、ちゃんと勤まるか不安な気持ちになりました。しかしこのときは、田村には空きがないということで白金台の八芳園を紹介していただき、三辻庄次郎先生の下で勉強させてもらいました。

翌年に念願の田村学校で働くことができました。見るもの触るもの、目新しいものばかりでした。私は短い期間ではありましたが、料理は言うまでもなく、いろいろなことで田村平次先生にご指導をいただきました。「うろうろ三年」「敵を作るな」※「自分を捨てなければ捨てられない」——この言葉が、その後の私の、料理人人生を支えてくれました。

私は田村平次先生の下で長くお世話になるつもりでしたが、大橋屋から迎えが来てお暇をもらうことになりました。田村先生は「短い間だったがよく働いてくれたね。今後は大橋屋のために頑張りなさい」と励ましの言葉をくださいました。それを聞いた大橋屋のおっかさんが、「忠治や、よかったね」と涙を流して喜んでくれました。その言葉、その涙があって、私は今日まで働いてこられた気がします。

また平成十五年十一月には、つきぢ田村二代目の田村暉昭先生よりご推薦をいただき、日本食生活文化財団より銀賞をいただきました。私には大きすぎる賞で、喜びいっぱいでした。本当に、料理人として幸せ者です。心からの感謝を込めて、これからも楽しく、おいしい料理を作り続けていきたいと思います。

※「自分を自分で捨てなければ、人からも捨てられることはない」の意。

大橋屋OB（慎和会）の集い、新年会。修業の苦労ばなしも、笑顔でかわされる（平成18年）

あとがき

本間忠治さんは、「名前の通り忠実《ちゅうじつ》だ、忠実だ」と、つきぢ田村の田村平治氏に大変かわいがられたという。また「忠さん、忠さん」と呼び親しんだ大橋屋・先々代のおっかさん（サクさん）も、彼を息子のようにいとおしんだ。本書第一章に、つきぢ田村を卒業するシーンがあるが、厳しい修業の中であっても、本間さんがいかに大きく温かい愛情に包まれていたかがわかる。それはまた裏返せば、本間さんはかわいがられるに値する、まっすぐな心根と、料理に対する情熱を持った青年だったということだ。

小柄な体躯に、きょろんとしたまぁるい目が印象的な〝忠さん〟も、平成十九年には六十六歳になった。この道で五十一年、うち大橋屋では四十九年を過ごした。「古い新潟の料理の中には、もう、本間板長でしか作れないものがある。ぜひ記録して、若い料理人たちに残したい」――大橋屋六代目・大橋正明氏の提案で、本書の企画が立ち上がったのは二年前。撮影は平成十七年の暮れ、おせち料理作りで緊迫したムードの板場から始まった。その後は折々に四季の料理を撮影しながら、生い立ちや料理への思いを聞き取った。そしてまた〝忠さん〟の料理をいただく機会を何度も得た。

日常的に台所へ立つ人であれば、料理がいかに容易なものでないかはおわかりだろう。調味するタイミングや茹《ゆ》で時間をわずかにはずしただけで、料理は台無しにもなる。今は手をかけることなく、簡単に、それらしく仕上げられる便利な加工品などがあるが、それらを使っていかに本物らしく盛りつけても、長い時間をかけて勘と技術を高めてきた料理人の味とは似て非なるものだ。いい食材に、そのとき一番適した〝仕事〟を施すというのは一朝一夕ではできないし、積み重ねがものをいう。本間さんがはやりの料理より伝統的な日本料理にこだわるのは、料理人としての確かな目と腕を磨きたいと心底願ったからだろう。

本書は、料理ページを眺めていただくだけでももちろんいいのだが、皆さんにはぜひ一品でも二品でも、挑戦して作っていただきたい。詳しいレシピの記述はないが、日ごろ料理に親しんでいる方なら、推察して作るのも楽しみと思う。まったく同じに再現できずとも、改良しながら、あなたのご家庭の味に加えていただければ幸いである。

「他になんの趣味もない。板場で包丁を握っていればいい男です」

　平成十九年七月、調理師制度功労者として厚生労働大臣賞を受賞した本間さんはスピーチで、思わず涙声を洩らした。一生、料理――そんな本間さんの姿勢に、生きることの豊かな意味を感じた取材であった。

　最後に、一年近くにわたり、再三の取材に快く応じてくださった本間忠治板長、また仕事中のところ何度も何度もお邪魔する私を、笑顔で迎えてくださった大橋屋の板場の皆さん・スタッフの方々、企画立案から取材の立ち会いなどで、ずっとサポート役をしてくださった大橋正明さん、そして本間さんのためにご多忙の中、書簡という形でご寄稿いただきました同志の皆様には、心より感謝申し上げます。さらに本書の制作でお力をいただいた写真・渡部佳則氏、デザインワーク・本間秀世氏、編集・新潟日報事業社新保一憲氏には、厚く御礼を申し上げます。

平成十九年七月

忠さんの好きな、鱈の盛りに

石坂智恵美

【日本料理　大橋屋】

慶応二年(一八六六)……初代・太吉が新潟奉行・川村清兵衛下屋敷を買い取り、鮮魚仲買商を創業。幕末当時「古鍛冶町」と呼ばれた本町通十一番町は、通りの向かい側に魚屋、反対側に瀬戸物屋がずらりと並ぶ、大変活気のある界《かい》隈《わい》だった。

◎大正九年(一九二〇)……三代にわたり鮮魚仲買いを営んだのち、四代目の慎太郎が婚礼料理と精進料理の仕出しを開始。

◎昭和六年(一九三一)……仕出業と併せ、館内に座敷を設けて料亭としても営業。

◎昭和八年(一九三三)……館内を大幅に改装。同年着工し、昭和十年に完成。匠らの高度な技術と遊び心あふれた造作の木造三階建て本館は、特徴ある料亭建築として評価を受け、平成十五年には文化庁より登録有形文化財の指定を受ける。

◎平成十四年(二〇〇二)……生活様式の変化から、本館向かいにバリアフリー(車椅子用化粧室完備)の新館「本町茶寮」を新築。庭園は造園設計士・桂川眞氏が手がけた。

【本間忠治】

昭和十五年(一九四〇)、新潟県岩船郡神林村生まれ。昭和三十一年、新潟市の料亭・大橋屋に入店。その後東京・八芳園、つきぢ田村での修業を経て、昭和四十年より大橋屋板長。

◎「慎和会」(大橋屋OB会)代表/「梅親会」(旧菅原愛次郎氏を囲む会)会長/日本料理研究団体　全国田村会　東北ブロック代表/社団法人日本全職業調理士協会支部　新潟白友会会長

◎日本食生活文化財団銀賞受賞/厚生労働大臣賞(調理師制度功労者)受賞/新潟市技能功労者

■取材・文/石坂智惠美

主な著書に「新潟を有名にした七人の食人」「新潟・長野　食業の現場から」(共に新潟日報事業社刊)。

■撮影/渡部佳則

(社)日本写真家協会会員。著書に「古町'99―2000」(新潟日報事業社刊)ほかがある。

料理人 本間忠治のにいがた味がたり

Honma Chuji, a cook of Japanese Cuisine, is talking about his dishes.

2007（平成19）年10月2日　初版第1刷　発行

取材・文◎石坂 智恵美
撮　影◎渡部 佳則
装　丁◎本間 秀世
発行者◎德永 健一
発行所◎新潟日報事業社
〒951-8131 新潟市中央区白山浦2-645-54
TEL025-233-2100　FAX025-230-1833
http://www.nnj-net.co.jp/
印刷所　三条印刷

ISBN4-86132-236-5